经济转型与改革攻坚

张卓元 著

中国人民大学出版社
·北京·

前　言

中国经济从 2011 年起增速告别两位数开始下滑，当年 GDP 增速为 9.5%，2012—2016 年 GDP 增速分别为 7.7%、7.7%、7.3%、6.9%和 6.7%，2017 年计划增长 6.5%左右。中国经济增速下滑，有其客观必然性。除了外因世界经济危机后复苏乏力导致出口增长受阻外，主要是 2003 年以来连年经济超高速增长带来严重失衡，亟须做重大调整，重新协调经济结构，转变经济增长方式。这表明，继续用廉价的要素投入粗放扩张实现经济高速增长的路子已经走不下去了，中国经济发展进入一个新的阶段，即从追求速度、扩张规模到追求质量、提高效益的转型阶段。正如习近平总书记 2014 年 11 月 9 日在亚太经合组织工商领导人峰会演讲时所说的，中国经济呈现出新常态，有几个主要特点。一是从高速增长转为中高速增长。二是经济结构不断优化升级，第三产业、消费需求逐步成为主体，城乡区域差距逐步缩小，居民收入占比上升，发展成果惠及更广大民众。三是从要素驱动、投资驱动转向创新驱动。新常态将给中国带来新的发展机遇。2016 年 1 月 18 日，习近平总书记在省部级主要领导干部学习贯彻党的十八届五中全会精神专题研讨班上的讲话进一步指出，在新常态下，经济发展的主要特点是：增长速度要从高速转向中高速，发展方式要从规模速度型转向质量效率型，经济结构调整要从增量扩能为主转向调整存量、做优增量并举，发展动力要从主要依靠资源和低成本劳动力等要素投入转向创新驱动。这些变化，是中国经济向形态更高级、分工更优化、结构更合理的阶段演进的必经过程。实现这样广泛而深刻的变化并不容易，对我们是一个新的巨大挑战。我认为，习近平总书记讲的这些话表明，新阶段就是新常态，新常态下的主要任务就是实现经济的转型升级，首先是保证为到2020年顺利地全面建成小康社会打下坚实的基础。

为了更好地在新常态下实现经济转型，党中央提出了创新、协调、绿色、开放、共享的五大发展理念，提出了经济工作要以供给侧结构性改革作为主线，提出了去产能、去库存、去杠杆、降成本、补短板的三去一降一补的方针，还明确了各自的主攻方向。这几年，在党的正确方针政策的指引下，在经济增速放缓的同时，在转方式、调结构、惠民生和转换动能等方面取得积极进展。2016年，国内生产总值达到74.4万亿元，约合11万亿美元，增长6.7%，对全球经济增长的贡献率超过30%，单位国内生产总值能耗下降5%；就业增长连年超过1 000万人，2016年达1 314万人；消费在经济增长中已逐步发挥主要拉动作用，服务业增加值占国内生产总值的比重2016年上升到51.6%；2016年全部工业增加值比上年增长6%，其中工业战略性新兴产业增加值增长10.5%，高技术制造业增加值增长10.8%，装备制造业增加值增长9.5%；2013—2016年四年间，每年农村贫困人口减少都超过1 000万人，累计脱贫5 564万人；近两年，每天新登记企业增长1.5万户；等等。我们对于到2020年全面建成小康社会，实现第一个百年目标满怀信心。

我国全面建成小康社会后，还要用30年时间的奋斗，实现第二个百年目标，即基本实现现代化，实现中华民族的伟大复兴。在这中间，我以为，头十年即到2030年要努力使中国稳定进入高收入国家行列。按照2014年世界银行的划分标准，人均国民总收入（人均GNI，大体上相当于人均GDP）低于1 035美元属于低收入国家，人均GNI在1 035～4 086美元为中等偏下收入国家，人均GNI在4 087～12 616美元为中等偏上收入国家，而人均GNI高于12 616美元属于高收入国家。根据我们的测算，我国2020年全面建成小康社会时，人均GDP将从2016年的8 000美元增长到1万美元左右（2014年美元），2020年以后，只要不出现严重的世界经济危机，不出现工作中的严重失误，我国经济就能保持年均5%左右的中速增长，并能做到人民币对美元的汇率基本稳定，这样，我国就能经过六七年努力，达到世界银行2014年规定的高收入国家的门槛，再经过三四年的努力，到2030年，就可以说已稳定进入高收入国家行列，真正跨过“中等收入陷阱”。届时，中国产业已达到中高端水平，工业化、信息化和城市化基本实现，经济结构已经初步实现现代化，中等收入者占半数多，反映居民收入差距的基尼系数降到0.4左右，社会主义市场经济体制更加成熟和定型，社会主义市场经济理论得到更充分的证实并牢牢站在经济理论顶峰。前一两年，一直有经济学家认为中国到2020年就能进入高收入国家行列，跳过“中等收入陷阱”，现在看来，这个预测太过乐观了，也是不现实的。

总之，新常态问题，经济转型问题，五大发展理念问题，供给侧结构性改革问题，挖掘改革开放红利和健全社会主义市场经济体制问题，中国应如何积极推动经济全球化和参与改善全球治理问题，全面建成小康社会后如何实现第二个百年目标问题，如何构建中国特色社会主义政治经济学问题等，都是中国经济学家需要不断深入研究的课题。

收入本论文集的，是作者在中国经济逐步进入新常态下发表的有关经济转型和改革及其理论概括的文章，共五部分，分别是新常态下中国经济发展前景、深化经济改革推动经济转型、国企改革与混合所有制改革、供给侧结构性改革、构建中国特色社会主义政治经济学，各部分文章按发表时间顺序排列。除个别文章做了文字修改外，都是按发表时的原貌编入文集。

限于水平，书中定有不少欠缺之处，敬希大家批评指正！

张卓元

2017年3月于北京

目　录

一　新常态下中国经济发展前景

二　深化经济改革　推动经济转型

三　国企改革与混合所有制改革

四　供给侧结构性改革

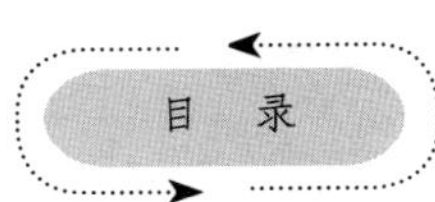

五　构建中国特色社会主义政治经济学

一

新常态下中国经济发展前景

改革创新是稳增长促转型的不竭动力

——访中国社会科学院学部委员、著名经济学家张卓元

记者　卢晓平

国务院总理李克强 2015 年 1 月 21 日在达沃斯论坛上的演讲备受瞩目。李克强总理重申了中国经济不会“硬着陆”的信心，表示要顶住下行压力，实现“双中高”（经济由高速增长转为中高速增长，发展必须由中低端水平迈向中高端水平），并提出了中国经济未来转型升级的两大引擎——政府和市场。

如何理解中国经济要顶住下行压力，实现“双中高”？为此，日前记者专访了中国社会科学院学部委员、著名经济学家张卓元。

“新常态”的表述比“三期叠加”更准确

《上海证券报》：我国领导人在多个场合明确表示，中国经济发展已进入新常态。李克强总理又提出中国经济要顶住下行压力，实现“双中

高”。对此您是如何理解的？

张卓元：李克强总理在达沃斯论坛上明确，当前中国经济发展进入新常态，经济由高速增长转为中高速增长，发展必须由中低端水平迈向中高端水平，为此要坚定不移地推动结构性改革。他同时一针见血地提出中国经济未来转型升级的两大引擎——政府和市场。这是非常理性和智慧的见解，定力十足。

我国经济进入新常态的特征明晰，要直面经济减速问题。中国经济增速的回调是必然的，回调是为了恢复经济的平衡，实现再平衡，使经济可持续发展。

中国经济经过新世纪头十年的超高速增长（年均增速达 10.48%）后，从 2011 年起经济增速一路下滑，2011 年为 9.5%，2012 年为 7.7%，2013 年为 7.7%，2014 年为 7.3%。政府采取了很多措施，力求在 7%左右稳定下来。我认为，现阶段（包括“十三五”期间）如果措施得力，改革发力，7%左右、不低于 6%的增速是能够稳住的，经济转型是能够逐步推进的。这也是保持经济新常态的主要着力点。

《上海证券报》：2014 年我们使用的还是“三期叠加”一词，认为中国经济正面临“三期叠加”的下行压力。这和现在使用的“新常态”有什么区别吗？

张卓元：中国经济现状，用新常态的表述比前一段时间中国经济进入“三期叠加”（即增长速度换挡期、结构调整阵痛期、前期刺激政策消化期）阶段的表述更为准确。按照习近平总书记 2014 年 11 月 9 日在亚太经合组织工商领导人峰会演讲时所指出的，“中国经济呈现出新常态，有几个主要特点：一是从高速增长转为中高速增长；二是经济结构不断优化升级，第三产业、消费需求逐步成为主体，城乡区域差距逐步缩小，居民收入占比上升，发展成果惠及更广大民众；三是从要素驱动、投资驱动转向创新驱动。新常态将给中国带来新的发展机遇。”

我的体会是，这三点中第一、二点同“三期叠加”中前两期是基本相同的，而第三点则表明中国进入经济转型和发展方式转变时期，这是具有实质性意义的，决定新常态能不能真正摆脱旧的已经走到尽头的增长模式的关键所在。中国经济如能坚持这三个特点，就必定具有光明前景。

2014 年 12 月 11 日闭幕的中央经济工作会议，进一步从九个方面分析了中国经济新常态，也未提如何消化前期刺激政策问题，只说“全面刺激政策的边际效果明显递减”，还强调了把转方式调结构放在更加重要的位置。

“三期叠加”中的第三期即前期刺激政策消化期，同经济转型和发展方式转变相比较，层次低很多。特别是还要看到，2013 年和 2014 年，在经济增速放缓时，总是不断有人主张走老路，搞刺激政策，追求短期 GDP 增速高一点，以至有时不是在消化前期刺激政策带来的负面效应，而是在加重上述负面效应，使产能过剩问题、环境污染问题、地方债务风险问题不能很好地顺利减轻或消除。

我以为，我们要直面这几年经济减速问题。这几年经济增速下滑，除了因爆发国际金融危机、出口大幅降速以外，主要是因为新世纪前十年特别是 2003 年以来经济连续五年 GDP 增速超过 10%，超高速增长带来经济失衡问题严重，付出的资源环境代价过大，产能过剩行业很多，居民收入占 GDP 比重过低和收入差距过大，居民消费对 GDP 的拉动作用下降，不可持续的问题越来越突出。因此，经济增速回落是必然的，是客观经济规律起作用的结果。回调是为了恢复经济的平衡，实现再平衡，使经济可持续发展。

依靠创新驱动发展从中低端迈向中高端

《上海证券报》：中国经济发展如何才能实现由中低端水平迈向中高端水平？

张卓元：简而言之，在发展中要更加注重创新驱动。

在新常态下实现稳增长促转型，关键要从要素驱动转向创新驱动发展。按照经济学原理，在投资增速放缓和效率有所下降的情形下，加上人口红利逐步消失，必须依靠全要素生产率提高，即靠技术进步和创新，才能使经济增长找到新的源泉，才能稳增长。因此，要深化科技体制改革，强化创新驱动，包括加快建设国家创新体系，增加研发投入（美国已将全部研发投入算进 GDP）。我国研发投入占 GDP 的比重 2013 年首次突破 2%，达到 2.09%，今后要进一步提高。

支持科技进步已在十八届三中全会作出的《中共中央关于全面深化改革若干重大问题的决定》（以下简称《决定》）中列为国有资本投向的五大重点之一，应认真落实，特别是中央企业，实力雄厚，应在这方面起带头作用，改变过去投入不足状态。要大力发展重要前瞻性战略性产业，包括高新技术产业。要加快完善创新机制，鼓励创新型人才向企业集聚，等等。

在发展高新技术产业的同时，要对传统产业进行技术改造，加快现代服务业发展，促进制造业向产业的中高端延伸，向两头延伸。我国有庞大的制造业，但大而不强，要又大又强，就要推动制造业转型升级，用现代技术改造制造业，提高自主创新能力，提高市场竞争力，使我国从制造业大国向制造业强国转变。

我们住在北京的人，对北京经常出现严重雾霾天气意见很大，都希望政府和社会各界加快治理。有人曾提出对机动车实行单双号限行的行政管理设想，而且提出机动车污染是造成北京污染严重的最重要因素（占30%以上）。但是，我们看到发达国家的特大城市，如纽约、伦敦、东京等，机动车不比北京少，美国曼哈顿的机动车比北京还多，但是它们那里的PM2.5一般都在10以下。原因主要在于它们的汽油品质好，排放的污染物比我国的汽车少很多。

所以，我们应该主要致力于用现代技术改造我们的炼油企业，真正提高汽油的品质，使其达到欧美发达国家的水平。为此应加快垄断行业改革，逐步放开原油进口、炼油厂建设和油品销售等市场准入，开展市场竞争，这样才能够较快提高汽油品质，并达到大幅减少机动车污染排放的目的。这是一个能够把改革和发展很好结合的举措。

李克强总理在达沃斯论坛上的讲话非常清晰，值得我们学习和深思。他认为，中国经济要顶住下行压力，实现"双中高"，就需要对传统思维"说不"，为创新体制"叫好"，下决心推进结构性改革。要创新宏观调控，增添微观活力，调整城乡、区域和产业结构，促进比较充分的就业特别是年轻人的就业，改善收入分配和民生福祉。这需要付出艰辛努力，但我们将不畏困难。只有沿着促改革、调结构的路子坚定走下去，才能使中国经济长期保持中高速增长，发展迈向中高端水平。

改革进入纵深阶段

《上海证券报》：政府和市场是发展迈向中高端水平的双引擎。显然，改革红利的释放，政府的作为更大。您是一直坚持改革驱动经济发展观点的，对此您如何看？

张卓元：李克强总理的一句话很重要，即"中国经济要行稳致远，必须全面深化改革，用好政府和市场这‘两只手’，形成‘双引擎’。一方面要使市场在资源配置中起决定性作用，培育打造新引擎；另一方面要更好发挥政府作用，改造升级传统引擎”。

可以说，新常态下稳增长促转型，关键要深化改革。要靠改革为稳增长促转型提供不竭的动力，用改革红利来填补这两年逐渐消失的人口红利。

党的十八届三中全会为全面深化改革作出了系统的部署，并在此后的实践中取得成效，2014 年中央全面深化改革领导小组确定的 80 个重点改革任务基本完成，此外中央有关部门还完成了 108 个改革任务，共出台 370 项改革举措，这些都非常有利于稳增长促转型。比如，由于实行简政放权，推进工商注册登记制度便利化，削减资质认定项目，由先证后照改为先照后证，把注册资本实缴登记制逐步改为认缴登记制，2014 年前三个季度全国新登记注册市场主体 920 万户，新增企业数量较上年增长 60%以上。

又如，由于实行更加积极的就业创业政策，推动人民收入持续增加，2014 年，中国城镇新增就业 1 322 万人，超过计划指标，城镇和农村居民人均收入分别增长 6.8%和 9.2%，这就使中国最终消费对经济增长的贡献率超过投资的贡献率；服务业增加值占比 48.2%，继续超过第二产业。此外，由于减少审批，特别是中央政府继 2013 年减少审批项目 400 多项后，2014 年又减少了 300 多项，继续放开市场准入和价格，以及推动混合所有制改革等，使市场活力进一步增强，市场对资源配置的决定性作用进一步发挥。

今后，如果我们能够继续全面落实十八届三中全会决定的各项举措，必将进一步解放社会生产力，为稳增长促转型提供强大的不竭的动力。

同时，推进国有企业的混合所有制改革，可以把国有资本的实力和民营资本的活力有机结合起来，形成新的企业竞争力。特别是自然垄断行业放开竞争性业务，开展混合所有制经营，或者引进新的厂商，可以大大提高经济效率，提高产品和服务质量，让人民受益。

深化财税改革，可以为不同市场主体营造良好的营商环境，开展公平竞争。比如营改增的税收改革，能有力地促进服务业加快发展。对小微企业的税收优惠，能促进大众创业。加快房地产税立法并适时推进改革，能使房地产市场走上健康运行轨道。逐步建立综合与分类相结合的所得税制，对调节个人收入差距很重要。前几天看到一个报道，有人在深圳炒股三天，大赚两亿元，第四天就带上赚到的两亿元乘飞机回安徽老家，说从此以后不再炒股而要过陶渊明式的悠然见南山的田园生活了。这无可厚非。但是这件事如果发生在美国，那么年底必须对他的巨额收入征收近一半的所得税，以调节收入。看来我国的个人所得税制需加快改革。

推进价格改革，除了着重推进资源产品价格改革外，还要推进收费制度改革。这里只说医疗收费制度改革。中国公立医院由于挂号费太低，对医生的劳动付出报酬太低，医院普遍靠卖药赚钱，药品价格虚高，医生吃药品回扣。这是很不正常的。应当逐步提高公立医院挂号费，特别是专家门诊的挂号费，同时降低药品价格，尤其是进口药品的价格。对低收入群体看病，应当增加政府补助。这对医疗事业健康发展至关重要。

当然，如何推进金融改革，真正使资金流向效益高的部门和区域，更好地为实体经济服务，这也是一篇大文章。

制定经济发展目标应有弹性

《上海证券报》：此前有专家估算，新世纪头十年中国经济的潜在增长率达到10%。如果这样算下来，新常态下对经济下行压力是否过于担忧了？

张卓元：我对此表示怀疑。如果我国那时的潜在增长率达到10%，为何会带来我上面列举的重大结构失衡，或者说造成国民经济重大比例关系失调呢？2004年10月，我在一次有关领导听取经济学家意见的会上说，凭我的研究和感觉，中国经济的增速看来以不超过9%比较适合，长期超过9%甚至连年两位数以上增长（如我们后来所看到的从2003年到2007年的情况），会带来重大比例关系失调，即经济失衡，是不可持续的。现在看来，如果新世纪头十年经济增速稍微放慢一点，多注重一些改革，腾出一部分人力、财力和物力用于转变经济增长和发展方式，使经济增长的质量高一些，我们今天碰到的产能过剩的压力、资源环境的压力、经济增速下行的压力，应该是会轻一些的。我们当前碰到的经济增速下行的压力和现实，是为了对冲前几年增速过快所必须付出的代价。

现在看来，我们如果能够严格按照习近平总书记关于新常态三个特点的要求办事，就能比较顺利地实现稳增长促转型，经济会在转型升级中实现7%左右的稳定增长，从而为全面建成小康社会打下坚实的基础。

我建议，以后在制定年度或五年的经济发展目标时应当有点弹性，比如定在7%左右，不必定一个很明确的具体增速。因为经济发展中不确定因素比较多，订出一个有一定弹性的指标，可以避免像2013年下半年那样，为了争取提高0.1或0.2个百分点的速度，投放了大量的货币，这不利于经济的健康运行。中国正处于协同推进新型工业化、信息化、城镇化、农业现代化阶段，发展的潜力和空间都比较大，只要宏观调控政策对头，措施有效，7%左右的增速应当是可以维持一段时间的。

2014年年底的中央经济工作会议把稳增长放在下一年五大任务之

首，并提出要切实把经济工作的着力点放到转方式调结构上来。我的体会就是要努力把没有水分的、质量效益较好的7%左右的经济增速，作为2015年的首要任务，把经济增速下行的趋势控制住。最好2015年就能探底，最迟在2016年，使经济更好地进入新常态。

原载《上海证券报》，2015-01-27

新常态不仅是换挡更是转型

《上海证券报》两会报道组

中国经济正在进入新常态，经济发展从高速换挡为中高速。2015 年，中国经济增速下行趋势还没有完全遏制住，处于换挡过程中。为此，在全国两会召开之际，上证演播室邀请了我国著名经济学家、中国社会科学院学部委员张卓元，探询新常态下中国经济发展新动力。

垄断行业改革潜力很大

记者：今年经济增速下行压力不小，稳增长成为当务之急。中国经济发展新动力在哪？

张卓元：中国经济增长正处于高速换挡为中高速过程中，下行趋势还没有完全遏制住。所以，今年的首要任务是稳增长。

受到资源、环境、国际市场等因素制约，过去粗放式的增长难以为继。十八大以后，特别是十八届三中全会后，中央重点强调改革和创新驱动发展。改革的确能释放生产潜力，因为改革本身是调整生产关系和上层建筑的某些环节，有利于解放生产力，促进生产力的发展。

在这个过程中，垄断行业发展潜力很大，改革能释放较大改革红利。随着科技不断进步，很多垄断行业都逐渐成为竞争性行业，是可以放开的。没有放开就没有竞争，没有竞争就没有很好的动力，效率就很难提高。现在中石化把销售板块放开，搞混合所有制改革，吸收了一部分社会资本，开了一个好头。当然，改革还不够完善，还没有摆脱一股独大的境地。

自然垄断环节国有资本要控股，也可以引入一些非国有资本。在这方面，比较规范的做法是上市，上市公司的运作会更加公开规范。现在有些国有控股的上市公司，国有股权占比太大，在不改变国有控股的情况下，可以减持一部分充实社保基金，这对于改善公司的法人治理结构很有帮助。

除了国企改革，还可以通过财税政策让利小微企业，推进民营经济的发展等，为中国经济发展带来新动力。

因此，我们要实现的是“双中高”，实现经济由高速增长转为中高速增长，发展必须由中低端水平迈向中高端水平。这就得打破垄断，让更多的人共享利益，这方面可能有一点困难，但是在改革的大趋势下我认为应该能够克服。

记者：习近平总书记 2013 年 3 月 4 日参加科协、科技界委员联组会以及 2013 年 3 月 5 日参加上海代表团审议时都强调要加大创新驱动发展力度。这是否也可以为发展带来新动力？

张卓元：中国要转变发展方式，经济要转型，关键是要靠创新驱动。随着我国人口等红利逐步消失，更需要我们注重依靠技术的进步和劳动生产率的提升，包括全要素生产率的提高，加快推动质量高、效益好的经济增长。

习近平总书记对创新驱动发展十分重视。2014 年 3 月 5 日习近平在参加上海代表团审议时，强调要坚持制度创新为核心；同年 3 月 6 日，他在参加广东代表团审议时，强调要充分发挥创新驱动作用。

新常态下实现稳增长促转型，关键要深化改革，要依靠改革为稳增长促转型提供不竭的动力，用改革红利来填补这两年逐渐消失的人口等红利。要实现稳增长促转型，还必须从要素驱动转向创新驱动发展。要深化科技体制改革，强化创新驱动，包括加快建设国家创新体系，增加研发投入。

创新驱动和深化改革是相互联系、互为关联的。如要让垄断行业重视技术进步，重视创新驱动，就得打破垄断，将竞争性业务逐步放开。因此，创新驱动要做好，在某种程度上也要靠深化改革。

创新驱动，说得容易，做起来难。例如，治理雾霾等大气污染问题，涉及很多传统企业，可以考虑对这些企业进行技术改造，而不是一味地关停，光靠关停也会带来一些别的问题。用新的技术改造传统产业，本身也属于创新驱动的一个内容。现在国家很重视，也给出很多财税优惠政策，今后在这方面应更加着力。

新常态不止是换挡

记者：中国经济进入新常态，发展从两位数的高速度换挡为个位数的中高速。新常态是否只是速度换挡？

张卓元：新常态不完全是速度换挡，更主要的是经济要转型。经济转型主要是发展方式的转变及经济结构的优化，同时，居民收入水平也要随着经济的发展得到同步提升。

因此，中国经济呈现出新常态，正如习近平总书记所说的，有几个主要特点：一是从高速增长转为中高速增长。二是经济结构不断优化升级，第三产业、消费需求逐步成为主体，城乡区域差距逐步缩小，居民收入占比上升，发展成果惠及更广大民众。三是从要素驱动、投资驱动转向创新驱动。新常态将给中国带来新的发展机遇。

上述都是新常态的内容，但后面的两点我们做得还不够好，尤其是人民的生活水平需要不断提高。当然，经济发展方式的转变不是一年、两年就能够实现的，是一个过程。也就是说，经济转型是一个过程，需要时间。但转型之路不可逆转。

记者：您认为中国经济保持怎样的增长速度适宜?

张卓元：中国经济经过新世纪头十年的超高速增长（年均增速达10.48%）后，从2011年起经济增速一路下滑，2011年为9.5%，2012年为7.7%，2013年为7.7%，2014年为7.3%。政府采取了很多措施，力求在7%左右稳定下来。

我认为，现阶段（包括“十三五”期间）如果措施得力，改革发力，7%左右、不低于6%的增速是能够稳住的，经济转型是能够逐步推进的。这也是保持经济新常态的主要着力点。

记者：全国两会召开在即，2013年两会火了“中国梦”，2014年两会“全面深化改革”让人记忆犹新。“四个全面”能否成为2015年最火的关键词?

张卓元：2014年12月习近平总书记在江苏调研时，将“全面从严治党”与此前的三个全面“全面建成小康社会、全面深化改革、全面依法治国”并提，“四个全面”亮相。

可以说，“四个全面”是十八大以来习近平总书记治国理政思想的比较全面的总结归纳。“全面建成小康社会”是这一届政府的任务，也是对于过去的承接。“全面深化改革”也是改革到现在，很自然的逻辑发展结果，也是顺势而为。“全面依法治国”更是政治体制改革、法治的社会和法治的市场经济所需要的。“全面从严治党”是保证，没有这一条，其他都不可能做到。

全面建成小康社会是到2020年的战略目标，改革既是驱动力，也是凝聚力；法治则是框架和轨道，而从严治党是“四个全面”之根本。

这四个方面应该说是很有高度的，也是比较全面的，是这一届领导集体在这个时期面临的最主要的任务。当然，随着发展，还会有新的内容加入进来。但到现在为止，应该说“四个全面”是现有认识上的最高水平的概括。

原载《上海证券报》，2015-03-05

寻找新动力，稳步进入新常态

张卓元

中国经济正在进入新常态。如何认识新常态，以便更好地适应新常态，各方正在热烈讨论。本文拟主要从寻找新动力角度，论述中国经济怎样稳步进入新常态。

一、新常态的表述比“三期叠加”更准确更本质

2012 年党的十八大以后中国经济的状况和走势，用新常态的表述比前一段时间所谓中国经济进入“三期叠加”（即增长速度换挡期、结构调整阵痛期、前期刺激政策消化期）阶段的表述更准确更本质。按照习近平总书记 2014 年 11 月 9 日在亚太经合组织工商领导人峰会演讲时所说的，“中国经济呈现出新常态，有几个主要特点。一是从高速增长转为中高速增长。二是经济结构不断优化升级，第三产业、消费需求逐步成为主

体，城乡区域差距逐步缩小，居民收入占比上升，发展成果惠及更广大民众。三是从要素驱动、投资驱动转向创新驱动。新常态将给中国带来新的发展机遇。”我认为，这三点中第一、二点同“三期叠加”中前两期是基本相同的，而第三点则表明中国进入经济转型和发展方式转变时期，这是具有实质性意义的、决定新常态能不能真正摆脱旧的已经走到尽头的发展方式的关键所在。坚持这三个特点走下去，中国经济必定具有光明的前景。

“三期叠加”中第三期即前期刺激政策消化期，同经济转型和发展方式转变相比较，层次低得多。特别是，还要看到，2013 年和 2014 年，在经济增速有可能出现较大幅度下降时，也推出过一些刺激经济的政策，不过不是 2009 年那样的大规模的刺激政策。短期刺激政策对稳增长有一定的积极作用，但是也有负面效应，使产能过剩问题、环境污染问题、地方债务风险问题等，不能很好地得到减轻和消除。

二、中国经济正在稳步进入新常态

中国经济正在稳步进入新常态，但还没有完全进入新常态。首先，经济已从新世纪头十年的超高速增长（年均增速达 10.48%）后一路下滑，2011 年增速为 9.5%，2012 年和 2013 年皆为 7.7%，2014 年为 7.3%，仍保持中高速增长，但是现在仍然面临增速继续下行的压力，还在探底，一般认为 7%左右能大体稳定下来，这也是我们工作争取的目标。经济增速放缓的主要原因是潜在增长率下滑。根据中国社会科学院宏观经济运行实验室的预测，在 2011—2015 年、2016—2020 年、2021—2030 年三个时段内，中国潜在增长率区间分别为 7.8%～8.7%、5.7%～6.6%、5.4%～6.3%。其次，经济结构正在不断优化，自 2013 年起，第三产业增加值已经超过第二产业，2014 年，最终消费对 GDP 的贡献率超过投资 4 个百分点，但离第三产业、消费需求成为主体还有一定距离。再次，从要素驱动、投资驱动转向创新驱动则还要艰苦努力，没有五年以上的努力很难有实质性进展。因此，新常态不是指短期的状态，但也不是管几十年的长期阶段，而是指大致十年或者再多一点时间的中长期状态。

现在看来，我们如果能够严格按照习近平总书记关于新常态三个特点的要求办事，就能比较顺利地实现稳增长促转型，经济会在转型升级中实现 7%左右的稳定增长，并做到增长的质量较高效益较好，从而为全面建成小康社会打下坚实的基础，并逐步迈向现代化。

三、寻找新的动力

2007 年，党的十七大报告已经指出，经济增长付出的资源环境代价过大，要求加快转变经济发展方式。2008 年国际金融危机爆发后，出口市场大幅度收缩，我国经济不平衡、不协调、不可持续的问题突出，加快转变经济发展方式更加刻不容缓。党的十八大前若干年，由于各级政府都在致力于经济的超高速增长和应对国际金融危机而采取大规模刺激经济政策，无力顾及推进深水区改革，改革相对于发展滞后了。多年来依靠地方政府全力追求短期 GDP 增速最大化推高经济增速的发展方式，由于带来资源枯竭、生态环境恶化、市场无序竞争、居民收入差距扩大等问题，已难以为继。因此，从 2011 年起，中国经济增速开始放缓，直到现在还存在继续放缓压力。

经济增速持续放缓，要求我们努力寻找新的增长动力实现稳增长。首先，要更加重视创新驱动发展，从要素驱动转向创新驱动。按照经济学原理，在投资增速放缓和效率有所下降，加上人口红利逐步消失的情况下，必须靠全要素生产率提高，即主要靠技术进步和创新，才能使经济增长找到新的源泉，才能稳增长。创新能力的大小，决定产品、企业、地方和国家竞争力的高低。因此，要深化科技体制改革，强化创新驱动，加快建设国家创新体系，增加研究与开发经费支出。我国研发投入占GDP的比重2013年首次突破2%，达到2.09%，2014年也是2.09%，今后要进一步提高。支持科技进步已在党的十八届三中全会《中共中央关于全面深化改革若干重大问题的决定》（以下简称《决定》）中列为国有资本投向的五个重点领域之一，应认真落实，特别是中央企业实力雄厚，应在这方面起带头作用，改变过去投入不足状态。要大力发展重要前瞻性战略性产业，包括高新技术产业。要加快完善创新机制，鼓励创新人才向企业集聚等。在发展高新技术产业的同时，要对传统产业进行技术改造，加快现代服务业特别是生产性服务业发展，促进制造业向产业的中高端延伸，向两头延伸，推动制造业转型升级，提高自主创新能力，提高市场竞争力，使我国从制造业大国向制造业强国转变。

我国经济要很好地进入新常态，稳定经济增长，实现经济转型，关键是深化改革，为经济的持续增长和发展方式转变提供不竭的动力。我国经济增长的潜力很大，完全可以通过改革释放出来。比如，我们如果能按照党的十八届三中全会《决定》的要求，通过政府改革减少政府对资源的直接配置、减少对微观经济活动的干预、落实工商注册登记制度便利化、建立政府“权力清单”“责任清单”“负面清单”和做好公共服务等，使市场在资源配置中发挥决定性作用，就能做到大众创业、万众创新，大大提高我国的资源配置效率和经济效益。又如，我们如果能根据党的十八届三中全会《决定》的要求推进国有企业和国有经济改革，积极发展混合所有制经济，放开垄断行业中的竞争性业务，就能进一步提高国有企业的活力和竞争力，同时更好地发挥各种所有制经济的优势，共同促进社会主义市场经济发展。再如，深化财税改革，可以为不同市场主体创造良好的营商环境，开展公平竞争。营改增的税制改革，正在有力地促进服务业的发展。对小微企业的税收优惠，正在促进大众创业。逐步建立综合与分类相结合的所得税制，对调节个人收入差距很重要。此外，推进金融改革，能够使资源真正流向效益好的部门和区域，使金融更好地为实体经济服务。如此等等。党的十八届三中全会《决定》通过后，在被视为“全面深化改革元年”的2014年，改革呈现明显加快之势，中央全面深化改革领导小组确定的80个重点改革任务（其中经济和生态文明领域就有近50个）基本完成，中央有关部门还完成了108个改革任务，共出台370项改革举措等，数量之多、频率之高、力度之大，前所未有。我们相信，今后在中央全面深化改革领导小组强有力的领导和推动下，经济改革和其他改革将加速推进，从而不断为经济社会发展提供强大的动力，使我国经济在新常态下持续健康运行。

原载《光明日报》，2015-03-29

以深化改革推动经济稳步进入新常态

张卓元

中国经济正在进入新常态。如何认识新常态，如何使中国经济稳步进入新常态，各方正在热烈讨论。本文主要研究如何通过全面深化改革主要是经济改革，推动中国经济顺利进入新常态。

一、中国经济正在进入新常态，但尚未很好地进入新常态

2014 年 11 月 9 日，习近平总书记在亚太经合组织工商领导人峰会演讲时指出，“中国经济呈现出新常态，有几个主要特点。一是从高速增长转为中高速增长。二是经济结构不断优化升级，第三产业、消费需求逐步成为主体，城乡区域差距逐步缩小，居民收入占比上升，发展成果惠及更广大民众。三是从要素驱动、投资驱动转向创新驱动。新常态将给中国带来新的发展机

遇。”按照上述三个主要特点，可以比较清楚地看出，中国经济正在进入新常态，但还没有很好地进入新常态。

第一，中国经济已从过去两位数高速增长转为7%左右的中高速增长，但经济至今仍在探底过程中，经济增速下行的压力还不小，尚未在7%左右的年均增速中稳定下来。有一些学者认为今后5～10年可能要降到5%左右的中速增长。我认为，如果改革发力，政策得当，7%左右或者6.5%左右的增速应能维持到2020年甚至到2025年。但7%左右的中高速增长要延续更长的时间则有很大难度。

第二，在经济结构优化升级方面，习近平总书记讲新常态下第三产业、消费需求逐步成为主体，但目前离这个要求还有一定差距。我认为，成为主体一般应占60%以上。而2014年，第三产业增加值占GDP的比重为48.2%，2015年上半年进一步提高到49.5%。2014年，最终消费对GDP的贡献率为48.8%，资本形成总额对GDP的贡献率为46.9%，因此，最终消费对GDP的贡献率超过资本形成总额1.9个百分点。2015年上半年最终消费对GDP的贡献率则达60%，比2014年同期提高5.7个百分点。但离消费需求的主体地位还有距离。

第三，从要素驱动、投资驱动转向创新驱动则更需长期不懈的努力，没有五年十年的持续奋斗难以有实质性进展，而如果做不到这一点，就谈不上转变经济增长方式，更谈不上实现经济向质量效益型转变。

因此，新常态不是指经济在两三年的短期状态，也不是几十年的长期阶段，而是指大致十年的中长期状态，是涵盖从2013年起到全面建成小康社会和进入高收入国家行列以及为实现现代化打牢坚实物质基础的时期，即基本实现工业化和初步实现城市化时期，也就是大致到2025年的时期。为什么大致只能维持十年的时间？我认为主要是保持7%左右的中高速增长的时间不可能太久，能够维持十年左右就很理想了。而且

7%左右的增速还必须是质量效益型的，因为延续过去粗放扩张的路径已经走不下去。一般估计，到 2025 年左右，中国经济增速将再下一个台阶，并逐步向世界平均水平靠拢，正像一些经济学家所说的向“均值”靠拢。

二、党的十八届三中全会后经济改革加速

2013 年 11 月，党的十八届三中全会作出全面深化改革决定后，中国改革包括经济改革进程加速。在中央全面深化改革领导小组的推动下，改革呈现明显加快势头。在被称为“全面深化改革元年”的 2014 年，中央全面深化改革领导小组确定的 80 个重点改革任务（其中经济和生态文明领域就有近 50 个）基本完成，中央有关部门还完成了 108 个改革任务，共出台 370 项改革举措等，数量之多、频率之高、力度之大，前所未有。其中，主要的几项改革有：

中央政府带头推进审批制度改革，在 2013 年取消和下放 416 项行政审批事项的基础上，2014 年又分三批取消和下放行政审批事项 247 项。2015 年还要砍掉 200 多项。而且正在推进权力清单、责任清单和负面清单制度。

推进工商注册制度便利化改革，由先证后照改为先照后证，把注册资本实缴制逐步改为认缴制，大大改善了创业环境，调动了大家创业的积极性。自商事制度改革以来，从 2014 年 3 月至 2015 年 5 月，平均每天新登记注册企业 1 万多户。其中 2015 年前 5 个月，新登记注册企业达 161.9 万户。这就有力地推动了就业岗位的增加。

财税改革总体方案已经由中央全面深化改革领导小组通过，正在继续推进营改增改革，逐步扩展至第三产业主要行业，促进服务业发展。

自2012年试点至2014年年底，营改增3年累计减税3 746亿元，为超过95%的试点纳税人减轻了税负。同时，扩大小微企业税收减免优惠，进一步扶持小微企业发展。继续控制和压缩“三公”经费支出，财政支出继续向民生倾斜。

金融领域市场化改革加快推进。利率市场化改革接近实现，银行存款利率浮动幅度扩大到基准利率的50%，推出大额存单，实行存款保险制度，5家民营中小银行也已陆续开业。资本市场改革也在推进，公司上市将逐渐从审批制改为备案制等。

自由贸易区建设向前推进。中国（上海）自由贸易试验区已于2013年9月29日正式挂牌。当天，由190条管理措施构成的2013年版负面清单对外公布。这是中国实行的首个负面清单。2014年版负面清单大幅度减少到139条，减少了26.8%。2015年，广东、福建、天津被批准建设自由贸易区。

国有企业改革逐步推进。2014年7月15日，国务院国资委宣布，在中央企业启动四项改革试点，分别是国有资本投资公司试点、混合所有制经济试点、董事会授权试点、向央企派驻纪检组试点。2014年，央企中石化把油品等销售板块拿出29.9%的股权，作价1 071亿元出售，搞混合所有制，成为国有垄断企业放开竞争性业务、推进混合所有制改革的一个案例。同时，国企负责人和高管薪酬制度改革正在推进，行政任命负责人和高管薪酬大幅度下降，与一般员工的收入差距缩小。

上述这些改革都有利于稳增长，有利于为经济进入新常态提供新的动力源泉，弱化了原来主要由政府为追求短期GDP增速最大化形成的恶性竞争。

三、改革进入深水区，一些重要改革困难重重

地方政府职能转变缓慢。前一段时间，由于地方政府公司化严重，地方政府为追逐GDP短期增速最快，搞粗放扩张，结构趋同，造成不少产业产能过剩严重，生态环境恶化，地方债务负担沉重。现在要转方式、调结构，压产能，修复生态环境，减轻债务，就要首先转变地方政府职能，不再充当资源配置主角，转为主要为地方经济发展创造良好的市场环境、服务环境、法治环境，着力改善民生，让老百姓过上越来越好的日子，但至今还看不出这方面有太大的实质性进展。看来，政府改革仍然是今后改革的重要突破口。

原载《经济纵横》，2015（10）

科学理念引领经济布局和发展

《中国社会科学报》记者　霍文琦

“十三五”规划建议绘就了未来五年中国经济社会发展的蓝图，被视作对全面建成小康社会决胜阶段的战略部署。其中提出中国经济进入“新常态”，经济增长从高速转向中高速，引发了外界对中国未来五年经济增长的猜测。就与此相关的未来经济增速、潜力及具体发展理念等问题，本报记者采访了曾参与过“十五”计划、“十一五”规划建议起草的著名经济学家张卓元。

《中国社会科学报》：一段时间以来，对于中国经济“十三五”时期的增速，各方有不同的看法。乐观者认为可以达到8%，悲观者预测中国经济可能“硬着陆”。而习近平总书记关于“十三五”规划建议的说明，提出2016—2020年我国经济年均增长底线是6.5%以上。您怎么看？

张卓元：首先我要谈一下全面建成小康社会的目标在经济增长方面的要求。十六大提出全面建设小康社会的发展目标是国内生产总值到2020

年力争比2000年翻两番。十七大提出要实现人均国内生产总值到2020年比2000年翻两番。而十八大的要求更高，要实现2020年国内生产总值和城乡居民人均收入比2010年翻一番。可以看出，全面建成小康社会的目标已连跳两级，由原来的GDP总量到人均GDP，由20年比较到10年比较，对经济发展提出了更高的要求。

2000—2014年，我国GDP总量已经增长2.5倍，人均GDP也增长两倍多，如果按十六大、十七大提出的全面建成小康社会的要求，今后几年我国经济增长保持较低的4%～5%的增长率就可以。而十八大提出新的更高要求，为确保到2020年实现国内生产总值和城乡居民人均收入比2010年翻一番的目标，必须保持必要的增长速度，2010—2020年间，我国经济年均增长率需要在7.2%左右。目前“十二五”期间年均增长率已达到7.8%，那么“十三五”时期年均增长率在6.5%多一点就可达到目标。

《中国社会科学报》：一些机构下调对中国经济的预测增速，例如IMF预估2016年中国经济增速将降至6.3%，瑞士联合银行对2016年中国经济增速的预测下调至6.2%，有的更悲观，您怎么看?

张卓元：我认为，目前我国经济正处于调结构转方式阶段，在着力追求经济增长质量和效益的要求下，想保持增长率在8%以上，过于乐观，并且没有必要追求那么高的速度。如果按照“十三五”规划建议中提出的五个发展理念来落实，6.5%多一点的增速是可以达到的，除非出现全球性大危机、外部环境极为恶化的情况，才会受到影响。目前，我国经济还有下行的压力，但在6.6%至6.9%这一区间，能够大体稳定下来。

《中国社会科学报》：《人民日报》曾发布“十三五”规划十大目标，根据十大目标，“十三五”时期五条投资主线将成为确定性主题，具体包括4个“中国梦”和1个“现代化”：美丽中国、健康中国、智造中国、幸福中国、农业现代化。由此看来，您认为未来经济增长点是否也主要集中在这些方面？

张卓元：我认为从“十三五”规划可以看出，先进制造、服务业、环保产业、基础设施、农业现代化等，都是未来主要经济增长点。

“十三五”规划建议提出，加快建设制造业强国，实施《中国制造2025》。欧盟一些国家经济出现不少问题，但德国较平稳，关键是因为制造业领先。大国需要重视制造业的发展。对我国而言，第三产业的比重要逐渐提高，但是第二产业也要发展先进制造业，在前沿技术上要有所突破。实施智能制造工程，构建新型制造体系，促进新一代信息通信技术、高档数控机床和机器人等产业发展壮大。

在服务业领域，随着城乡居民人均收入的增长及中等收入群体的增加，为满足消费升级需要，健康、体育、养老、旅游、医疗、教育、文化等产业都有巨大的发展潜力；在环保产业方面，随着对生态文明建设的重视和加强，重化工、高污染企业需要治理，对原有高能耗的工厂设备需要进行改造，发展潜力很大；在基础设施、农业现代化、棚户区改造等领域还有很多可投资的地方。

中国还是发展中国家，还没有进入高收入国家行列。发展的潜力和需求很大，关键是找准增长点，把资源更多配置到有市场前景和老百姓需要的、符合现阶段消费升级需要的领域去。

《中国社会科学报》：“十三五”规划建议最重要的指导思想是用新的发展理念引领我国发展方式的转变。十八届五中全会提出的“创新、协调、绿色、开放、共享”这五大发展理念有何重要意义？

张卓元：我本人参与过“十五”计划、“十一五”规划建议的起草，“十三五”规划建议与以往的很大区别是，用新的、更加科学的发展理念来引领经济布局和发展，是重大的创新。中国经济进入转型期，发展要跳出“中等收入陷阱”，需要更新发展理念、发展战略和发展路径。而其中最重要的就是发展理念要更加符合科学发展的要求。

五大发展理念中，要特别强调创新的重要性。以往经济发展比较粗放，主要是靠物质资源的投入拉动经济增长，给资源和环境带来很大压力。十七大提出转变经济发展方式，为此必须转向创新，提高劳动生产率，保证经济增长的质量和效益。创新发展是全面的创新，包括理论创新、制度创新、科技创新、文化创新等各方面，其中科技创新具有引领作用。通过全面创新实现从依赖廉价劳动力和土地等要素驱动的传统发展方式向创新驱动转变。

在创新引领下，发展也要协调。促进城乡区域协调发展，促进经济社会协调发展，促进新型工业化、信息化、城镇化、农业现代化同步发展；处理好人与自然和谐的关系，保证经济绿色增长；随着中国成为世界第二大经济体，要进一步开放，丰富对外开放内涵，提高对外开放水平，利用好两个市场、两种资源；同时，着眼于发展的社会公平正义，实现共享发展，社会主义要走共同富裕的道路。

这五大发展理念是相互联系密切的有机整体。创新驱动，提高劳动生产率，肯定要发展绿色经济，进一步对外开放，加强国际合作。协调发展是前提，如果不协调，发展就难以持续，共享也很难做到。要绿色发展，就需要创新。发展的最终目的是为了增进全国人民的福祉。可见这五个方面是相互推动、相互促进的。

原载《中国社会科学报》，2015－11－20

深化改革，推动经济稳步进入新常态

张卓元

中国经济正在进入新常态。如何认识新常态，如何使中国经济稳步进入新常态，各方面正在热烈讨论。本文主要就如何通过全面深化改革主要是经济改革，推动中国经济顺利进入新常态，发表个人看法。

一、中国经济正在进入新常态，但是尚未很好进入新常态

经济新常态的含义是什么？新常态的主要特征有哪些？习近平总书记2014年11月9日在亚太经合组织工商领导人峰会演讲时对此有很好的概括。他说，“中国经济呈现出新常态，有几个主要特点。一是从高速增长转为中高速增长。二是经济结构不断优化升级，第三产业、消费需求逐步成为主体，城乡区域差距逐步缩小，居民收入占比上升，发展成果惠及更广大民众。三是从

要素驱动、投资驱动转向创新驱动。新常态将给中国带来新的发展机遇。”从上述三个主要特点可以比较清楚地看出，中国经济正在进入新常态，但是还没有很好地进入新常态。

首先，中国经济已从过去两位数高速增长转为7%左右的中高速增长，但是经济至今仍在探底过程中，经济增速下行的压力还不小，尚未在7%左右的年均增速中稳定下来。有一些经济学家认为今后5～10年可能要降到5%左右的中速增长。我认为，如果改革发力，政策得当，7%左右或者6.5%左右的增速应当能维持到2020年甚至到2025年。但是7%左右的中高速增长要延续更长的时间则有很大难度。多家单位预测表明，2020年或2025年以后，中国经济的潜在增长率还会下一个台阶。①

其次，在经济结构优化升级方面，习近平总书记讲新常态下第三产业、消费需求逐步成为主体，但是目前离这个要求还有一定差距。我认为，成为主体一般应占60%以上。而2014年，第三产业增加值占GDP的比重为48.2%，2015年上半年进一步提高到49.5%。2014年，最终消费对GDP的贡献率为48.8%，资本形成总额对GDP的贡献率为46.9%，因此，最终消费对GDP的贡献率超过资本形成总额1.9个百分点。2015年上半年最终消费对GDP的贡献率则达60%，比2014年同期提高5.7个百分点（见《经济日报》，2015-07-16）。但离消费需求的主体地位还有距离。

再次，从要素驱动、投资驱动转向创新驱动则更需长期不懈的努力，没有五年十年的持续奋斗难以有实质性进展，而如果做不到这一点，就谈不上转变经济增长方式，谈不上实现经济向质量效益型转变。

---

① 中国社会科学院经济学部．解读中国经济新常态——速度、结构与动力．北京：社会科学文献出版社，2015：16.

因此，新常态不是指经济的两三年短期的状态，也不是管几十年的长期阶段，而是指大致十年的中长期状态，是涵盖从2013年起到全面建成小康社会和进入高收入国家行列以及为实现现代化打牢坚实物质基础的时期，即基本实现工业化和初步实现城市化时期，也就是大致到2025年的时期。为什么大致只能维持十年的时间？我认为主要是保持7%左右的中高速增长的时间不可能太久，能够维持十年左右就很理想了。而且7%左右的增速还必须是质量效益型的，因为延续过去粗放扩张的路径已经走不下去了。一般估计，到2025年左右，中国经济增速将再下一个台阶，并逐步向世界平均水平靠拢，正像一些外国经济学家所说的向“均值”靠拢。①

二、十八届三中全会后经济改革进程加速

2013年11月十八届三中全会作出全面深化改革决定后，中国改革包括经济改革进程加速。在中央全面深化改革领导小组的推动下，改革呈现明显加快势头。在被称为“全面深化改革元年”的2014年，中央全面深化改革领导小组确定的80个重点改革任务（其中经济和生态文明领域就有近50个）基本完成，中央有关部门还完成了108个改革任务，共出台了370项改革举措等，数量之多，频率之高，力度之大，前所未有。令人印象深刻的有：

中央政府带头推进审批制度改革，在2013年取消和下放416项行政审批事项的基础上，2014年又分三批取消和下放行政审批事项247项。2015年还要砍掉200多项。而且正在推进权力清单、责任清单和负面清

① 兰特·普利切特，劳伦斯·萨默斯．亚洲超高经济增速将回落至全球平均水平．比较，2015（1）．

单制度。

近年来由于推进工商注册制度便利化改革，由先证后照改为先照后证，把注册资本实缴制逐步改为认缴制，大大改善了创业环境，调动了大家创业的积极性。商事制度改革以来，从2014年3月至2015年5月，平均每天新登记注册企业1万多户。其中2015年头5个月，新登记注册企业达161.9万户。这就有力地推动了就业岗位的增加（见《人民日报》，2015-06-13）。

财税改革总体方案已经中央全面深化改革领导小组通过。正在继续推进营改增改革，逐步扩展至第三产业主要行业，促进服务业发展。自2012年试点至2014年年底，营改增三年累计减税3 746亿元，超过95%的试点纳税人减轻了税负。同时，扩大小微企业税收减免优惠，进一步扶持小微企业发展。继续控制和压缩“三公”经费支出，财政支出继续向民生倾斜。

金融领域市场化改革加快推进。利率市场化改革接近实现，银行存款利率浮动幅度扩大到基准利率的50%，推出大额存单，实行存款保险制度，五家民营中小银行也已陆续开业。资本市场改革也在推进，公司上市将逐渐从审批制改为备案制等。

自由贸易区建设向前推进。中国（上海）自由贸易试验区已于2013年9月29日正式挂牌。当天，由190条管理措施构成的2013年版负面清单对外公布。这是中国实行的首个负面清单。2014年版负面清单大幅度减少到139条，减少了26.8%。2015年，自贸区扩围，广东、福建、天津被批准建设自由贸易区。

国有企业改革也在逐步推进。2014年7月15日，国务院国资委宣布，在中央企业启动四项改革的试点，分别是国有资本投资公司试点、混合所有制经济试点、董事会授权试点、向央企派驻纪检组试点。其中，确定中国医药集团总公司、中国建筑材料集团公司开展混合所有制经济试点。目的有六个：一是探索建立混合所有制有效制衡、平等保护的治理结构；二是探索职业经理人制度和市场化劳动用工制度；三是探索市场化激励和约束机制；四是探索混合所有制企业员工持股；五是探索对混合所有制企业的有效监管机制及防止国有资产流失的方法和途径；六是探索在混合所有制企业开展党建工作的有效机制。央企中石化 2014 年把油品等销售板块拿出 29.9%的股权，作价 1 071 亿元出售，搞混合所有制，成为国有垄断企业放开竞争性业务推进混合所有制改革的一个案例。与此同时，国企负责人和高管薪酬制度改革正在推进，行政任命负责人和高管薪酬大幅度下降，与一般员工的收入差距缩小。如此等等。这些改革都有利于稳增长，有利于为经济进入新常态提供新的动力源泉，弱化了原来主要由政府和政府官员为追求短期 GDP 增速最大化形成的恶性竞争。

三、改革的确进入深水区，有几项改革困难重重

当前，改革的确进入深水区，一些重要改革因为涉及比较重大的利益调整，阻力相当大，因此困难重重。

地方政府职能转变缓慢。前一段时间，由于地方政府公司化严重，地方政府为追逐 GDP 短期增速最快，一个劲地搞粗放扩张，结构趋同，造成不少产业产能过剩严重，生态环境恶化，地方债务负担沉重。现在要转方式、调结构，压产能，修复生态环境，减轻债务，就要首先转变地方政府职能，不再充当资源配置主角，转为主要为地方经济发展创造良好的市场环境、服务环境、法治环境，着力改善民生，让老百姓过上越来越好的日子。但至今还看不出这方面有太大的实质性进展。看来，

政府改革仍然是今后改革的重要突破口。

国企改革进展缓慢，垄断行业改革阻力很大。十八届三中全会《决定》指出，“国有资本继续控股经营的自然垄断行业，实行以政企分开、政资分开、特许经营、政府监管为主要内容的改革，根据不同行业特点实行网运分开、放开竞争性业务，推进公共资源配置市场化。进一步破除各种形式的行政垄断。”但是，这方面的改革进展很慢。中石化拿出油品等销售板块搞混合所有制，是很初步的，仍然是中石化绝对控股，但是有关部门工作人员却指责中石化抢先改革，没有及时请示报告。

十八届三中全会《决定》提出加快房地产税立法和适时推进改革。决定已作出一年半多，但至今还看不见加快的样子。一直说要在今年年底就建立的不动产统一登记机构（这是不动产登记的职能部门和将来开征房地产税的前提），至今大多也如泥牛入海杳无音讯。报载，国土部截至 2015 年 3 月底的数据显示，全国 300 多个地市州盟、2 800 多个县市区旗中，只有 50 个地市、101 个县完成了不动产登记职责整合，占比分别不到 16.7%和 3.6%，也就是说，仍有 90%以上的县市没有动作，原因是没有一个部门能够协调推进这项工作。实际上不少人是在消极抵制这项工作。有人调查过，有些地方工作人员拥有两三套甚至更多房子。他们不愿意把自己拥有多套住房的信息公之于世，更不愿意因为拥有多套住房而要交纳较多的税款。而不建立不动产统一登记平台，房地产税的征收就只是一句空话。

十八届三中全会《决定》要求逐步建立综合与分类相结合的个人所得税制，还要求逐步提高直接税比重。这应是很重要很迫切的任务，但是阻力重重。在中国，股市大起大落，必然造就许多暴发户，但通过股市在二级市场上一夜暴富的人的巨额收入是不用交个人所得税的。这些事如果发生在法治比较健全的国家，那么到年底时都要交百分之三四十甚至更高比例的税，而在中国则是暂时免征个人所得税的。这说明，个人所得税制改革显得特别紧迫。

四、既得利益固化后，改革越来越难

深水区改革之所以困难重重，有认识分歧问题，有担忧风险问题，但这些都不是主要的，主要的原因在于既得利益由于近十年来改革放缓固化后，积重难返，致使改革越来越难，风险越来越大。

最近的例子，是不动产统一登记平台建设一再推迟。这里存在的问题是要求太高太全，做起来很麻烦、很费时费力，应当分步实施，不宜一步到位，但更重要的还是做这项工作的人不积极，因为这项工作可能损害他们的利益。正如我在前面讲过的，有些地方工作人员自己就有两三套甚至更多房子，他们自然不愿透露自己的房地产信息。这也充分暴露了一些地方政府改革的执行力很差。受不动产统一登记平台前景渺茫的影响，有的地方又开始出现炒房现象，有人一下子购买几十套房子。现在，中国的房地产市场已处于供求关系总体平衡的阶段，如果因为炒房而刺激房地产过量投资，必将进一步大量增加空置房。大家知道，房子是由大量钢材、水泥、砖头、木材等盖起来的，是劳动者用汗水浇灌出来的，大量空置房必然带来资源和物质财富的损失和浪费。

垄断行业改革阻力重重，也是因为垄断行业职工特别是其中管理层多年来享受高收入高福利，改革后，引入竞争机制，会使他们的收入和福利受到影响，因此他们本能地会采取各种手段阻挠改革。特别需要注意，不能主要由本部门来设计自己的改革方案，主要靠自我革命往往会断送改革。国企改革方案酝酿很久，却迟迟出不来，至少说明各方面协调起来难度很大。

同样的道理，也可以说明为什么政府官员不愿意放下手中的审批权，因为那里有自己的利益，放弃手中权力等于放弃手中的利益。所以，政府改革很重要，很紧迫，但是很难，不是短期就能取得实质性进展的。没有自上而下的有力推动，很难迈步。顺便要提及，今年以来中国股市的大起大落，同政府对股市的过分和不当干预有重要关系，这说明，政府与市场的边界至今在理论上和实践上都还没有很好地界定，使市场在资源配置中起决定性作用还没有很好落实。

由于既得利益固化，改革的风险很大，改革的余地则越来越小。可以想象，我国征收房地产税不可能一下子就像美国那样几乎所有的房地产都征收，当前可以实行的，可能就只是对人们拥有的超过一定数量的房地产征税，然后逐步扩大范围，经过若干年后健全起来。所以，看来要到2020年在重要领域和关键环节的改革上取得决定性成果，完成十八届三中全会《决定》提出的336项改革举措，将是困难重重的历程。稍微放松，就可能打折扣。但愿折扣低一点就好！

原载张卓元主编：《新常态下的中国经济走向》，广东，广东经济出版社，2016

二

深化经济改革　推动经济转型

全面深化改革领导小组“督促落实”最重要

——专访中国社会科学院学部委员张卓元

特派记者　定　军

再过2个月左右的时间，一个新的中央机构有望成立。

根据十八届三中全会精神，中央将成立全面深化改革领导小组，负责改革总体设计、统筹协调、整体推进、督促落实。中国社会科学院学部委员、著名经济学家张卓元认为，这个改革领导小组如果是总书记当组长，可以强有力地推动改革。

这个小组成立后，中间应该有一个办事机构来协调与国务院、发改委的关系。

因为中财办是一个非常重要的办事机构，有可能在它的基础上扩大成立一个专门的机构。

此前十八届三中全会审议通过了《中共中央关于全面深化改革若干重大问题的决定》，该决定的起草由中央总书记第一把手亲自挂帅，这在中国历届三中全会文件起草组历史上还是第一次。

张卓元曾经参加过多届三中全会文件的起草。他认为，本次全会文件最主要是要由最高层领导来推动落实改革。而本次文件把政府改革作为关键，其实早在“十一五”规划的时候就已经提出来了，但是过去之所以难以落实，与利益集团阻拦改革有关。

就如何看待《中共中央关于全面深化改革若干重大问题的决定》在历史上的定位，如何看待未来可能出现的大的改革政策措施，《21 世纪经济报道》（以下简称《21 世纪》）近期专访了中国社会科学院学部委员，原中国社会科学院经济所所长，著名经济学家张卓元。

政府改革是关键

《21 世纪》：《中共中央关于全面深化改革若干重大问题的决定》从经济、政治、司法、社会等领域为深化改革作出部署，有人把它和十一届三中全会比，您怎么看？

张卓元：十八届三中全会形成了更加全面、“五位一体”的改革部署。经济建设、政治建设、文化建设、社会建设和生态文明建设五个建设一起往前走。当然，与过去相比，这次“五位一体”是以经济改革为重点。

当前还无法断定十八届三中全会在历史上的定位。十一届三中全会和十八届三中全会是在不同历史时期召开的会议，很难比较。十一届三中全会召开时，我们面临的障碍主要是思想障碍。当前，我们面临的障碍更大，主要是利益障碍。改革进一步深化，必须正视并处理好与既得利益集团的关系。

《21 世纪》：十八届三中全会提出把市场作为改革的核心。您对这个问题怎么看？

张卓元：十八大报告已经明确地指出，经济的改革核心问题是处理好政府与市场关系。根据这几年的情况来看，我国经济运行中存在的最大问题是政府直接对资源配置过多，对经济特别是微观经济的干预过多，影响了市场在资源配置中作用的发挥。

所谓市场经济，就是市场配置资源的经济。但这些年政府在资源配置中的干预过多。所以，现在已经不是国企改革、价格改革的问题，当前最突出的是政府和市场的矛盾，政府直接配置资源过度，对微观经济活动干预过度，影响了市场机制对资源的配置作用。所以，我认为十八届三中全会对我们当前面临的主要矛盾抓得很准。2005 年制定“十一五”规划时就已经看准这个问题了，指出政府改革，是全面深化改革和提高对外开放水平的关键。

《21 世纪》：从《中共中央关于全面深化改革若干重大问题的决定》中，我们看到关于市场在资源配置中的作用过去是“基础性作用”，现在是“决定性作用”。究竟哪些应该给市场哪些不应该给市场？

张卓元：在经济领域，应该主要归市场管。也就是说，除了自然垄断领域、提供重要公共产品的领域、少数关于国家安全的领域以外，基本上应该都交给市场。至于医疗、教育等社会领域，市场就不一定能起决定性作用了。这里所讲的市场的决定作用，主要是在经济领域，在资源配置方面。

有一些问题是介于两者之间的。比如住房问题，既是社会问题，也是经济问题。关于这个问题有两条路，该市场发挥作用的由市场来解决，保障归政府管。像教育、医疗、文化等问题，都属于民生问题，和经济问题不完全一样。

优惠政策迟早都要清理

《21 世纪》：市场在资源配置中起“决定性作用”，跟“基础性作用”相比，政府的实际操作表现会有什么变化？

张卓元：操作上的区别就是要更加强调市场对资源配置的决定性作用。这一提法的指向非常清楚，即原来政府“越位”，直接配置资源太多，干预经济活动太多。但本来应该做的，市场监管又不到位。这就导致统一市场和市场的公平竞争没有形成，干扰了市场对资源的有效配置。比如说，政府审批制，给钱就给批，不给钱就不批，扭曲了市场的作用。结果资源配置不是按照真实的价格信号，无法实现最有效利用。还有，为什么产能过剩这么严重？本来已经产能过剩了，地方为了 GDP 的增长，还以优惠的电价鼓励企业继续发展钢铁、煤、电解铝等，这是违反国家规定的。

此外，还有所有制的问题。在一些非自然垄断的领域，本来可以引进竞争，但把非公有制经济给拦住了，不让人家进。比如说，石油的进口为什么只给“三桶油”？若是民间资本有足够的钱和能力，参与石油进口，这种竞争便可以提高资源配置的效率。所以说，“决定性”不仅是三个字的问题，更涉及具体的落实和明确的方向。

过去政府对市场干预太多，有很多鼓励支持的优惠政策，将来这些优惠政策迟早都要清理。除了个别情况（比如说关系到军事安全），那些破坏统一市场、公平竞争的优惠政策都要逐步清理。

以后重大产业结构的调整，可能通过负面清单或国有经济投资、财政政策鼓励的方式引导。我估计以后产业政策还会有一些，并不会完全取消。但产业政策的成效还有待讨论。

《21 世纪》：在投资领域，过去说除了国家安全、环保以外的都要放开。您怎么看投资领域的改革?

张卓元：投资领域的改革，并不是一步就可以实现的，但现在的方向很清楚。负面清单管理制度就是一个很好的尝试。除负面清单之外，企业都可以进来，这是一项非常重大的改革。

过去，国家有一个投资项目目录，标明了什么应该鼓励什么应该限制。但这个目录应该会逐步被负面清单管理模式取代。当然，负面清单并不是一下子就能完全符合实际，需要不断调整和完善。一般来说，负面清单要慢慢调整，刚开始时清单的项目可以多一点，而后逐步调整。

《21 世纪》：在宏观调控方面，以前的提法是“保增长、促就业、稳物价和保持国际收支平衡”，现在的提法是“保持经济总量平衡，促进重大经济结构协调和生产力布局优化，减缓经济周期波动影响，防范区域性、系统性风险”，您怎么看这样的变化?

张卓元；只是表述的角度不一样，宏观调控的目标基本一致。总量平衡以后，物价就可以稳定了，经济又可以稳定增长，重大结构又可以优化，后面还讲到要可持续，跟原来的四大目标是不矛盾的。

过去，因为很多单位追求 GDP 的增速，造成很多恶果。这次改革，我觉得领导人是下决心了。我们一些领导人到省里去，讲要把 GDP 的紧箍咒拿开，不要为 GDP 而纠结，而是要没有水分的、有质量的、重视民生的、促进环境保护的发展。今天的改革，我想应该是动真格了。如果按以前的老路子继续走下去是不行的。环境恶化，生态不断遭到破坏，大气污染严重，那还得了！与此配套，在实际操作中，干部考核体制的改革也要落实。

中财办可以扩大成立专门机构

《21世纪》：过去，我们有体改委、体改办。现在中央提出要成立全面深化改革领导小组，负责改革总体设计、统筹协调、整体推进、督促落实。您怎么看这一新机构？

张卓元：全面深化改革领导小组的成立意义重大，上面提出的十六个字中，“督促落实”最为重要。前面我已经提到过，现在改革碰到的最大阻碍就是利益问题。没有中央的全面深化改革领导小组，光靠体改委或者是发改委不行了，更不用说体改委或是发改委下面的体改司。各项改革措施，一定要由最高层的领导强有力地推动才能够落实。所以说，全面深化改革领导小组的成立是落实改革措施的重要的组织保证。

全面深化改革领导小组成立后，中间应该有一个办事机构来协调与国务院、发改委的关系。由一个利益超脱的部门作为办事机构，更有利于推动改革。中财办是一个非常重要的办事机构，有可能在它的基础上扩大成立一个专门的机构。中财办最大的优势就是没有部门利益，发改委有自己的部门利益，还搞了很多审批，要它自己革命很难，中财办就没有这个问题。中财办既有权威，又没有部门利益，在中央小组的领导下推动落实改革应该是比较有利的。

这个全面深化改革领导小组估计是总书记当负责人。因为这次改革是他亲自抓的，他是以文件起草小组组长的身份亲自抓。过去中央全会从来都没有中央总书记第一把手亲自挂帅的，起码据我所知这是第一次。如果领导小组由总书记当组长，强有力的领导也有利于推动改革。在这种情况下，就不是中财办发挥它部级单位的职能了，而是秉承了党中央的意志来执行中央分配的任务。

《21世纪》：您怎么看待建设城乡统一的建设用地市场，集体土地与国有土地同价同权？

张卓元：这次应该是往前走了一点。集体土地入市后，收益跟国有土地一样，农民得的会多一些。但集体土地入市后，估计如果转为城市用地，还得卖给国家。在短期内，还看不出集体土地可以直接用来盖房子、搞生产。

《21世纪》：财税改革上也有新的提法，包括间接税、房产税、发挥中央和地方的积极性。但现在土地市场被政府垄断没有更本质的突破，您怎么看？

张卓元：但这次财政改革很重要的一点，就是中央要上收一批事权，因此要承担更多的支出责任。这些事权，包括司法、法院等，特别是牵连到全国性的、跨省的问题，现在可能由中央来承担这个支出责任。因此，地方会不断减少自身的配套支出。

土地财政问题还得再看。但是房地产税是一定要实行的，要加快房地产税的立法，适时推进改革。虽然房地产税实施起来有一定难度，但这是一个趋势，世界主要国家都是这样做的。如在美国，地方主要财政就是房地产税。我们慢慢也要走这样的路。

原载21世纪网，2013-12-05

《决定》提出十个重大经济改革议题

张卓元

2013 年 11 月党的十八届三中全会作出的《中共中央关于全面深化改革若干重大问题的决定》(以下简称《决定》),有许多新观点、新论述、新举措,提出了一系列需要我们深入学习和认真研究的重大改革议题。下面,仅就经济领域列举我认为需要我们特别重视的十个改革议题。

第一,市场在资源配置中起决定性作用的适用范围问题。《决定》第一次在党的文献中提出使市场在资源配置中起决定性作用的论断,这是《决定》最大的一个亮点。此前我国经济界和理论界还没有人明确提出过这一论断,说明这次《决定》走在改革理论最前列,值得我们认真学习、深刻领会。这里有一个问题很值得研究,就是市场在资源配置中起决定性作用的范围应如何科学界定?我认为,市场在资源配置中起决定性作用主要适用于经济领域,并不像适用于经济领域那样适用于文化、社会等领域,虽然在文化、社会等领域中产业部分也需要很好地运用市场机制。也就是说，文化、社会等领域中的公共服务部分如义务教育、公共文化服务、基本医疗卫生服务、居民基础养老、廉租房建设等，其资源配置是不能由市场起决定性作用的。所以，《决定》明确指出，“紧紧围绕使市场在资源配置中起决定性作用深化经济体制改革”。还有，就是在经济领域也有市场失灵部分，如自然垄断环节、关系国家安全部分等，但这只是较小部分，在经济领域的主体部分，市场在资源配置中应起决定性作用。这个问题值得进一步深入研究。

第二，市场起“决定性”作用条件下中央政府和地方政府职能转换问题。这次《决定》明确用市场在资源配置中起决定性作用代替沿用了21年的基础性作用。我认为，做这种变更是为了进一步强调市场机制在资源配置中的支配作用，进一步从广度和深度上推进市场化改革，着力解决如下问题：政府对资源的直接配置过多、对微观经济活动干预过多和审批过多；政府对市场监管不到位、影响公平竞争环境的形成和健全；政府公共服务和社会管理也不到位或缺位，远不能满足老百姓的需求；政府没有很好地依法打破各种形式的行政垄断甚至采取一些歧视性政策，妨碍非公有制经济的发展；等等。这就要求政府转型，从越位领域退出，填补和做好原来缺位和不到位的工作，实现政府职能的转换，以便更好地发挥政府的作用。具体来说，正如《决定》所指出的，“加强中央政府宏观调控职责和能力，加强地方政府公共服务、市场监管、社会管理、环境保护等职责。”可见，要落实市场在资源配置中起决定性作用，关键要推进政府改革，划清政府和市场的边界。政府要从多年来介入过深的经济活动中逐步退出，大幅度减少对资源的直接配置，最大限度减少政府对微观事务的管理，市场机制能有效调节的经济活动，一律取消审批，对保留的行政审批事项要规范管理，提高效率。同时加强服务职能，即从无所不能型政府转变为有限政府、服务型政府、法治型政府。近年来中央政府在改革审批体制方面动作很大，根据李克强总理2014年3月所做的《政府工作报告》，国务院2013年已分批取消和下放了416项行政审批等事项，2014年要再取消和下放行政审批事项200项以上。相对而言，地方政府改革特别是改变政府直接配置资源过多和对微观经济活动干预过多、改变软预算约束和依赖土地财政以及借了钱不准备偿还等方面做得还不够好，也许地方政府改革应怎样迈步，抓什么重点，目前还不太清楚，值得我们很好研究。政府改革肯定会触及一些政府官员的利益，需要中央全面深化改革领导小组强有力的推动才能迈步，同时也要不断研究和总结改革实践经验，寻找和推广好的做法和经验，以便更好地推进政府改革和职能转换。

第三，积极发展混合所有制经济的重要意义。《决定》提出，混合所有制经济“是基本经济制度的重要实现形式”，这是又一个亮点。中国经过三十多年的改革开放，伴随着经济的高速增长，国有资本、集体资本、非公有资本都呈现几十倍上百倍增长，居民储蓄存款也大量增加，到2013年8月，居民的银行储蓄存款余额已达43万亿元，其中定期存款超过27万亿元。在这种情况下，发展混合所有制经济，有利于国有资本放大功能、保值增值、提高竞争力，也有利于各种所有制资本取长补短、相互促进、共同发展。混合所有制经济可以说是股份制经济的升级版。股份制经济不一定是混合所有制经济，如一些发达国家的股份公司一般是私人资本的集合而不是不同所有制资本的集合，但混合所有制经济肯定是股份制经济。发展混合所有制经济，为深化国有企业改革进一步指明了方向。有数据表明，混合所有制经济比国有经济资产营运效率高、创新能力强。由于允许混合所有制经济实行企业员工持股，形成资本所有者和劳动者利益共同体，更有利于调动各方面积极性，增强企业活力和竞争力。近来，已有一些国有大型企业主动提出实行混合所有制，如中石化将对油品销售业务板块进行重组，引入社会和民营资本参股，实现混合所有制经营，其中，社会和民营资本比例不超过30%（见《中国经济时报》，2014－03－06）；中国电力投资集团公司也将在2014年启动混合所有制改革，允许民资参股部分中电投旗下子公司和建设项目，民资参股比例将达三分之一（见《经济参考报》，2014－03－13）。混合所有制经济既可以由国有资本控股，也可以由非公有资本控股。当前要着重避免总是国有股一股独大、民间资本参股后没有多少发言权的现象；与此同时，也要防止在混合所有制改革中出现国有资产流失。有专家估计，目前混合所有制经济总体上占我国经济的比重为三分之一左右。按现在改革快速发展势头，我个人估计到2020年我国混合所有制经济总体上占我国经济的比重有可能达到50%。可以想象，随着经济发展和改革深化，产权多元、自主经营、治理规范的混合所有制经济将会有长足的发展，成为社会主义市场经济的主要微观主体。因此，今后需要加强对混合所有制经济的研究，包括如何完善法规、政策，健全法人治理结构，真正做到在一个经济单位内部各类资本能实现同等产权保护、同等使用生产要素、同等受益，从而促进混合所有制经济健康发展。

第四，国有资产监管机构从以管企业为主向以管资本为主转变。《决定》提出，“完善国有资产管理体制，以管资本为主加强国有资产监管，改革国有资本授权经营体制，组建若干国有资本运营公司，支持有条件的国有企业改组为国有资本投资公司。”这意味着国有企业和国有资产管理体制改革进入一个新的阶段。国资委主要管资本，也是同积极发展混合所有制经济相适应的。因为国资委要逐步致力于国有资本的优化配置，也就要求更好地发展混合所有制经济。看来，今后需要很好界定各类国有资本的职能。总的来说，国有资本可以分为公益性资本、收益性（商业性）资本和介乎两者之间或两者兼有的资本三大类。公益性资本主要投资于提供公共服务和保障领域，包括基础设施、基础产业普遍服务部分等；收益性资本主要投资于重要竞争性产业和技术创新等领域，包括投资于引领科技进步、具有国际竞争力、进入世界500强的大型企业和跨国公司。与上述资本职能相适应，组建若干国有资本运营公司和投资公司，分别制定不同类公司对各个企业的出资和投资方式，确定它们的经营目标和考核体系。例如，对公益性资本运营公司，就不能以资本增值作为主要考核指标，而应着重在成本控制、服务质量等方面提出要求。这些都需要在不断总结实践经验基础上认真研究和逐步完善。同时，要借鉴国内外许多资本运营公司和投资公司的做法和经验。比如，对于新加坡的淡马锡公司和我国汇金公司的资本运营和投资控股等做法，我们要结合实际，认真研究探索最佳模式。《决定》要求到2020年国有资本收益上缴公共财政比例提高到30%，这是一个相当高的要求。这项改革举措2014年就有动作，3月25日财政部公布的2014年中央企业国有资本经营预算明确从2014年起，中央企业国有资本收益收取比例在现有基础上提高5个百分点（见《经济参考报》，2014-03-26）。过去有关单位把一些原本应进入成本的项目如下岗职工补助、企业办大集体员工工资补贴等，也列到利润中，然后从企业上缴利润中支付上述费用，造成利润虚增，今后需要提高财务报表的真实性和准确性。如何提高企业财务报表的真实性和透明度，很值得我们认真研究。

第五，对个体私营等非公有制经济在社会主义市场经济中的地位和作用更加肯定，为个体私营等非公有制经济的发展提供了更为广阔的空间。《决定》第一次明确指出，公有制经济和非公有制经济都是社会主义市场经济的重要组成部分，都是我国经济社会发展的重要基础。此外，还指出公有制经济财产权不可侵犯，非公有制经济财产权同样不可侵犯。实际上，改革开放特别是1992年以来，我国个体私营等非公有制经济迅速发展，2012年，全国个体经济已从1978年的15万户发展到4 059万户，从业人数达8 000万人，注册资金近2万亿元；全国私营经济则从1988年的4万户发展到1 086万户，从业人数达1.2亿人，注册资金31万亿元。现在，个体私营等非公有制经济对GDP的贡献已超过60%，对国家税收的贡献已超过70%，对就业岗位的贡献已超过80%，占投资的比重超过60%，对促进经济增长、增加就业岗位、活跃经济生活、满足人民群众多方面的需要起着不可替代的作用。今后，要坚持权利平等、机会平等、规则平等，废除对非公有制经济各种形式的不合理规定，消除各种隐性壁垒，制定非公有制企业进入特许经营领域的具体办法。鼓励非公有制企业参与国有企业改革，鼓励发展非公有资本控股的混合所有制企业。同时，推进工商注册制度便利化，削减资质认定项目，由先证后照改为先照后证，把注册资本实缴登记制逐步改为认缴登记制。这些举措都将大大激发市场活力和非公有制经济活力，2013年新注册企业增长27.6%，其中私营企业新增30%，这是十多年来最高的。

第六，强调建设统一开放、竞争有序的市场体系，这是使市场在资源配置中起决定性作用的基础。建立和健全现代市场体系，是推动资源配置依据市场规则、市场价格、市场竞争实现效益最大化和效率最优化的根本前提。为此，要建立公平、开放、透明的市场规则，要推进水、石油、天然气、电力、交通、电信等领域的价格改革，完善主要由市场决定价格的机制。当前中国物价上涨率不高，2013 年 CPI 上涨率为 2.6%，2014 年估计上涨率不会超过 3%，是进行价格改革特别是资源产品市场化价格改革的有利时机，期待 2014 年价格改革有新的较大进展。《决定》还提出，实行统一的市场监管，清理和废除妨碍全国统一市场和公平竞争的各种规定和做法，严禁和惩处各类违法实行优惠政策行为，反对地方保护，反对垄断和不正当竞争，以及建立健全社会征信体系等。这里需要特别指出的是《决定》第一次提出探索负面清单管理模式。实行负面清单管理办法，是投资准入和市场监管的重大改革。按照这一制度，各类市场主体可依法平等进入清单之外领域，也就是“非禁即入”。这就意味着将实现由“严进宽管”的审批制度向“宽进严管”的备案制度的转变，市场监管由事前监管为主转向事中和事后监管为主。这是我国向加快现代市场体系建设迈出的实质性步伐。实行负面清单制度，是市场经济国家的通行做法，可以提高市场监管的透明度和法治化水平，较好地解决对非公有制经济的歧视性问题，对营造公平竞争市场环境至为重要。中国（上海）自由贸易试验区已于 2013 年 9 月 29 日正式挂牌。当天，由 190 条管理措施构成的 2013 年版负面清单对外公布。这是中国实行的首个负面清单。目前，中国（上海）自由贸易试验区正在抓紧修订 2014 年版负面清单。有关负责人透露，2014 年版负面清单初步考虑缩减 40%，特别是在服务领域要加大开放（见《经济参考报》，2014 - 03 - 26）。可见，在开始时，负面清单的单子比较长不足为奇。一些国家的负面清单的单子也是很长的，有两百多项。需要研究的是单子如何切合我国实际，如何随着经济发展改革深化逐渐缩减，如何借鉴国外一些成功做法和经验为我所用等。

第七，如何完善地方税体系。中国目前地方税税种少，税收少得可怜，有的地区 80％的政府支出靠中央财政的转移支付，这在一定程度上刺激地方政府拼资源、拼环境并违规实行优惠电价、地价，从而导致高耗能、高污染行业和产能过剩行业的发展，以便得到更多的增值税分成，形成恶性竞争和加重产能过剩。完善中央财政转移支付制度、构建和完善地方税体系成为加快转变经济发展方式和调整经济结构的当务之急。发达的市场经济国家的地方税有两个主要税种：一为房地产税，二为消费税（价外税）。我想我国将来也许要参考这种税制。这次《决定》提出：加快房地产税立法并适时推进改革；调整消费税征收范围、环节、税率，把高耗能、高污染产品及部分高档消费品纳入征收范围。这是非常重要的改革举措。我们要认真研究在中国如何开征房地产税问题，立好法，适时开征，并要考虑如何逐步完善，使其逐渐成为地方税的一个主要税种。消费税的问题也要认真研究，包括研究如何使消费税逐渐成为覆盖全部消费品的价外税，并转变成为地方税的另一个主要税种。与此同时要适当降低增值税税率，比如降低三四个百分点，以支持开征作为价外税的消费税，尽量使消费者不致因税制改革而加重负担。这也是一个很复杂的问题，有待各方认真研究，提出可行方案。

第八，允许民间资本发起设立中小型银行等金融机构。《决定》首次提出，在加强监管前提下，允许具备条件的民间资本依法发起设立中小型银行等金融机构。过去，尽管民间资本在股份制银行、城市商业银行、农村中小金融机构股本中占有很高比例，但是不允许民间资本作为中小型银行的单独发起者，一些民营企业家对此也有意见。这次提出开禁后，有关部门行动相当快，银监会已于 2014 年 3 月确定首批 5 家民营银行试点，实行共同发起人制度，即每家要求不少于两个发起人。首批 5 家试点银行的发起人和民营资本分别是：浙江杭州的阿里巴巴、万向集团；

浙江温州的正泰集团、华峰集团；广东深圳的腾讯、百业源投资有限公司；上海的均瑶集团、复星集团；天津的商汇集团、华北集团（见《人民日报》，2014－03－11）。可以想象，中小银行的发展，必将改善为广大中小型实体经济企业提供的服务，也将有力地促进利率市场化和建立银行存款保险制度的进程，从而推动金融改革的深化。

第九，赋予农民更多财产权利。《决定》提出，保障农民集体经济组织成员权利，积极发展农民股份合作，赋予农民对集体资产股份占有、收益、有偿退出及抵押、担保、继承权。保障农户宅基地用益物权，改革完善农村宅基地制度，选择若干试点，慎重稳妥推进农民住房财产权抵押、担保、转让，探索农民增加财产性收入渠道。这是很重要的改革举措。目前农民财产性收入少得可怜，近两年农民财产性纯收入只占到他们人均纯收入的2％～3％。究其原因，是因为农民最大的财产权——土地收益权屡遭侵犯，没有保障。一些经济学家估计，多少年来，地方政府低价强征农民土地获得的收入累计就达数万亿元。要赋予农民更多财产权利，最主要的是尊重和保障农民的土地权益，改变地方政府对土地财政的依赖惯性，切实落实农民的财产权利，这对逐步缩小城乡居民收入差距也能起到重要作用。

第十，允许地方政府通过发债等多种方式扩宽城市建设融资渠道，允许社会资本通过特许经营等方式参与城市基础设施投资和运营，研究建立城市基础设施、住宅政策性金融机构。这对建立透明规范的城市建设投融资机制非常重要。我国地方政府债务这几年无序扩张，根据国家审计署2013年12月30日公布的关于地方政府债务的审计结果，地方政府的债务规模已从2011年年底的10.7万亿元增加到2013年6月底的17.9万亿元，相当于GDP的33％，各方都认为风险很大，亟须规范约束。《决定》上面所提出的，正是规范和约束地方政府债务的重大举措，也有利于城市基础设施建设等健康发展。

参考文献

[1] 中共中央关于全面深化改革若干重大问题的决定．北京：人民出版社，2013.

[2]《中共中央关于全面深化改革若干重大问题的决定》辅导读本．北京：人民出版社，2013.

[3] 张卓元．《决定》提出了哪些需要认真研究的问题．经济研究，2014（1）．

[4] 迟福林．市场决定．北京：中国经济出版社，2014.

原载《中国特色社会主义研究》，2014（3）

当前经济改革重点是政府改革

记者　胡东林　倪铭娅

“中国的价格改革推进到当前一步，很多领域要付的成本就是用钱来‘买’机制。”中国社会科学院学部委员、孙冶方经济科学基金会荣誉理事长张卓元在接受《中国证券报》记者专访时表示，现在经济改革的重点是政府改革，而稳中求进的关键点则是稳增长、稳物价。此外，当前的经济下行可谓是2004—2007年经济过热和2009年刺激过度的一种自发式平衡，结合改革的大背景和“稳中求进”总体精神，经济增长的容忍度设为7%左右并无问题。

稳物价是关键　经济增速7%左右无碍

《中国证券报》：您如何看待第一季度的经济下行压力？接下来是否可以考虑出台稳增长措施？

张卓元：当前出现的经济下行是预期中的。

我们知道，2004—2007年经济一直过热，2009年又刺激过度，然而在经济大起之后一直没有大落来平衡，最多只是增速稍微放缓，这纠正不了原有的问题。导致的结果是，“中病”没有治好，一下转为慢性病。

因此，从纠正过去问题的角度看，经济下行是必然，将经济增长的容忍度设为7%左右并无问题。如果此时采取某些保增长措施，一定要避免重走老路，不能采取大规模的刺激措施，必须避免大量注水扩大投资等。

但据我了解，现在有的地方仍在不断批项目，增加投资，然后以银行信贷来支撑，这无非是把矛盾后移，令人担心。

《中国证券报》：转变经济增长方式已提了多年，难点在哪儿？

张卓元：转方式“转而不变”困局的主因在于体制和机制。我们知道，转变经济增长方式，就是实现由主要依靠资金和自然资源支撑的经济增长，向主要依靠人力资本投入、劳动力素质提高和技术进步支撑的经济增长转变，实现由资源—产品—废弃物流程向资源—产品—废弃物—再生资源的循环型经济转变。这么好的理念为何难以推进？重要原因在于我国现行财税、价格等体制，刺激各地热衷于工业立市和外延式经济扩张。具体表现在于：一是政府用行政权力廉价获得农民土地；二是水资源浪费严重；三是能源价格低廉；四是矿产品价格低廉。正是这种资源价格低、环境约束差的格局，使得各地政府没有动力也没有压力去转变经济增长方式。

《中国证券报》：十八届三中全会对经济增长的定调让我们似曾相识。1987年您就提出“稳中求进”的改革和发展思路，然而此一时彼一时，如何理解二者的异同？

张卓元：“稳中求进”的含义更宽了，过去指的是改革发展，现在则包括了整个社会发展的含义。这很好理解，只有社会稳定了，才能做其他事情。经济要稳中求进，社会更要稳中求进。也可以这么说，经济稳中求进是社会稳中求进的基础，社会稳中求进则是经济稳中求进的前提，经济稳中求进的关键点则是稳物价。

《中国证券报》：如何看待价格改革与通胀间的关系？如今的影子银行和热钱等，在以往要么不存在，要么影响甚微，和以往相比，我们管理通胀的思路应有何转变？

张卓元：相对于低生活水平来说，要理顺价格，必然会抬升价格。因此，价格改革带来的涨价对通胀会有影响，但政府可以通过对低收入群体发放补贴的方式减少影响。

价格改革与通胀之间存在着一定的互动关系。根据我们在20世纪80年代的估算，若物价上涨超过两位数，其主要是受货币发行因素影响；若物价上涨在百分之五六以下，则更可能受理顺价格关系的因素影响，且这一影响对物价上涨的贡献大概在3%。当然，现在的情况较以往有了很大变化，有兴趣者不妨去做一下类似的研究。

管理通胀的新思路事实上已经体现，那就是调控决策部门不能光看金融业表内业务，也要看表外业务。可能更能说明情况的指标是社会融资总量，而非新增贷款额。

《中国证券报》：以前您曾主张6%左右的通胀率和9%左右的经济增长率是一个较好的结合点，现在呢？

张卓元：那已是十几年前的事情了。此一时彼一时，如今环境已发生数个方面的变化：一是中国经济整体块头大了，批一两个项目对经济根本起不到拉动作用，过去改革的红利、人口的红利很多，而且过去可以低成本扩张、污染环境，这些现在都不现实了；二是过去劳动力成本、原材料成本和能源价格都很低，商品出口在很大程度上是低价倾销的结果，这些现在也都不可能了。

现在来看，3%左右的物价上涨率、7%左右的经济增速可以接受，也有望维持一段时间，因为现在我们还处于工业化、城市化过程中。当然，未来随着经济发展体量的增大，经济增速难免下滑，此时3%的通胀率就稍显偏高了。

资源品价改是突破口　应更加注重节约导向

《中国证券报》：如何看待价格改革的现实意义，其突破口在哪里？

张卓元：必须看到，我国已初步建立社会主义市场经济体制，商品和服务价格绝大部分已经放开由市场调节。与此同时，一些生产要素和重要商品特别是资源性商品的价格仍受政府管制，而且长期以来价格偏低。水价低、能源价格低、资金价格低、污染环境不付费等，实际上鼓励粗放扩张，使经济增长付出的资源环境代价过大。要完善反映市场供求关系、资源稀缺程度、环境损害成本的生产要素和资源价格形成机制。这也说明，深化价格改革，对完善社会主义市场经济体制至今仍具有重大意义。

值得一提的是，在实践中，深化价格改革不是一件简单的事情。从以往看，虽然从理论上、原则上认识到理顺价格关系最有利于经济的健康发展，但一碰到一些具体困难，或牵涉到局部利益受损时，又常常把理顺价格关系放在一边，满足于保障眼前的短期效益。一个明显的例子就是2005年、2006年CPI较低时没有及时调整那些严重偏低的资源产品价格，丧失了难得的机遇。事实上，这只是把矛盾往后移甚至积重难返。

目前，从价格改革的几大领域看，要素价格改革正在推进，比如利率市场化，又比如95%的商品价格和劳务价格都已放开，这些领域的改革基本顺利，因此，价格改革的突破口就在于资源品价格改革，这甚至比要素价格改革还迫切、还重要。

《中国证券报》：说到能源，您对天然气价格改革的方案是否满意？

张卓元：节约能源，价格杠杆是最有效的办法。根据世界银行专家量化估算，价格因素对能源节约的贡献度可以达到55%。包括水、电、气在内的一些群众生活中必不可少的资源品价格，利用价格杠杆达到节约资源的效果最好，但在使用价格工具时要慎重。

用阶梯计价的办法保基本，必须拿捏好提供基本公共服务和体现资源稀缺性之间的一个“度”。例如，将水价提高至六到七元每吨，然后给困难群众发放专项补贴，这个办法可能比较有效，但会增加工作量和工作难度。但从节约资源的角度来说，是比较有效的方法。我认为，价格政策应根据国情更多地倾向于鼓励节约，这也有望成为改革的方向。

对于天然气，一个基本现实是我国的消费约30%靠进口，且进口依存度还将逐渐提高。目前进口天然气价格大概是3.5元/立方米，根据阶梯气价计价，第一档是2.28元/立方米，第二档是1.2倍，第三档是1.5倍，第三档才接近进口价格。应当说，这个档次拉得并不够，这对节约能源不利。我认为，第二、三档的差距可以再大些，第三档完全是高消费，可以超过3.5元/立方米，以后应该这么改。

《中国证券报》：价格改革逐步推进，难以绕开国内价格与国际市场的接轨，如何规避由此带来的风险？

张卓元：价格是否与国际市场挂钩要根据依存度来决定。依存度高的，不挂钩也不行；依存度低的，视情况而定。战略性物资和牵连到农民利益的农产品要慎重。比如，原油、大豆对外依存度高，因而需要与国际市场挂钩，汽油价格也需要根据一定的机制动态调整。主粮价格比国际市场价格高，就不能和国外挂钩，要实行重点保护价。日本就采取了这样的价格保护，日本国内的农产品价格比国际市场高很多。

规避价格的非理性波动风险，建设期货市场、让其更好地发挥功能可谓重要一翼。期货市场是价格改革的产物，从国内外经验看，其在挂钩国际市场价格的同时还能帮助本国市场规避风险。中国期货市场正在朝国际化方向迈进，未来有望引入更多的境内外资金参与定价博弈，这有利于发现价格，更好地发挥各种功能。

《中国证券报》：如何理解价格改革的成本和收益？

张卓元：做任何事情都会涉及对成本和收益的考量。中国的价格改革推进到当前一步，成本就体现在用钱来“买”机制。比如说，价格机制改革后，副食品价格的补贴需要花钱，这是改革的成本；实施阶梯水价、电价、气价，政府要为此增加补贴，这也是成本。另外，价格要体现资源的稀缺性，部分群众的生活消费也可能有所增加，这同样是成本。着眼长远，我们没有必要过分拘泥于这些必须付出的、也是可以承受的代价，只要我们目标中的价格机制得以建立，将来的收益更大。

培植地方税体系　加快政府改革

《中国证券报》：市场经济讲究法治和市场主体间的平等协商，然而在我国社会组织培育却是个难题。在这种真正的谈判主体缺失的情况下，简政放权能否收到效果？市场秩序会不会反而受损？

张卓元：我们要有三十多年前推进改革开放的那种勇气和决心，决不能怕市场乱就不放权，只要方向对，就要去做。在市场经济的环境下，“一切向钱看”有其原因，关键在于如何引导和监管。简政放权的真正含义并非放任不管，而是政府作为社会生活中的一个主体归位尽责。这种归位尽责，当然也包含着减少对经济活动的控制和干扰。不减少审批，官僚体制对经济活力的危害压抑太厉害了，而且反过来强化官僚体制。

《中国证券报》：那您觉得政府改革应怎么改？

张卓元：深化政府改革是转变经济增长方式的关键，为此，首先，中央政府要做好、做实简政放权的改革措施，尽量减少对具体经济活动的干预，减少过多的审批环节。从目前看，政府参与资源配置的方式和途径有多种：一是低价农民征地、违法占地和随意批租土地；二是在审批项目过程中，通过包括越权化整为零违反环境保护等规定促成大项目上马；三是通过行政垄断来限制竞争，甚至封锁市场，强迫使用或消费本地生产的产品；四是通过信贷干预，迫使当地银行等金融机构为形象工程、政绩工程提供贷款和信贷优惠；五是对生产要素和重要资源产品进行价格管制，压低价格，使市场信号严重失真；六是干预微观经济活动，包括干预国有企业和民营企业的生产经营活动。上述种种问题的解决，都有赖于改革的进一步推进。

其次，地方政府亟须改变公司化的现状，这也是当前的难点，甚至还没破题。

地方政府公司化的结果是一天到晚为招商引资和 GDP 忙活。有人认为，地方政府之间的竞争是发展的动力，这并不全面。要解决这个问题，就要去掉地方政府头上的“紧箍咒”，真正做到不以 GDP 论英雄。与此同时，要建立事权和财权匹配的公共财政体制。具体而言，一是形成包括个税、消费税和房地产税等在内的合理的地方税体系，创造条件使消费税成为价外税，也要尽量不增加负担。二是扩大一般性转移支付的覆盖面，减少专项转移的规模和金额，这有助于减少“跑部钱进”的现象。转移支付可以按照规范的基数来计算，由地方支配，大大减少专项戴帽的机会。通过这些改革，地方收入提高之后，地方政府会想方设法把地方发展得更加宜居，吸引更多人过来生活定居，进而增加消费，提高收入。

《中国证券报》： 20 世纪 80 年代价格改革立于潮头，但如今我国已经初步建立社会主义市场经济体制，价格改革和企业改革还可以被称为经济改革的两条主线吗？

张卓元： 价格改革和企业改革作为经济改革两条主线的阶段已经过去了，现在经济改革的重点已经不是市场改革，而是政府改革。实际上，十八届三中全会提出让市场在资源配置中起决定性作用，就说明改革已经到了政府身上。以前政府对于资源的配置干预过多，对微观经济运行的干预过多，必须进一步转变政府职能，建设服务型政府，把政府从管经济为主转变到抓民生、管社会、保护环境和服务经济为主。

国企员工持股并非 MBO　混合所有制需做好资产评估

《中国证券报》： 1988 年您就明确提出，国有制要通过股份制形式实现同市场经济的结合。如今许多国企都已实现股份制改造甚至上市，您认为公有制适应市场经济还需要作出哪些努力？

张卓元： 应当说，从放权让利的国有企业改革到推行股份制和发展混合所有制经济，再到股份制和混合所有制成为公有制的主要实现形式，中国已经找到了公有制与市场经济相结合的形式和途径。

公有制适应市场经济，其方向是发展混合所有制。国有资本、集体资本、非公有资本等交叉持股、相互融合的混合所有制经济，是基本经济制度的重要实现形式，有利于国有资本放大功能、保值增值、提高竞争力，有利于各种所有制资本取长补短、相互促进、共同发展。

《中国证券报》： 如何看待员工持股？十几年前的 MBO 曾经引发争议，很多人担心在新一轮改革中出现国资流失一幕。

张卓元：国企搞混合所有制，可以推行员工持股这种做法，这和经营者控股不完全一样。事实证明，员工持股对于调动员工积极性有很大好处。当然，出于各种考虑，可以作出一些规定，比如，员工持股比例不能占100%，等等。我认为，如果员工持股占到10%或者多一点，就能起到激发积极性的效果。

在国企混合所有制改革中，有很多办法可以防范国有资产流失，关键一着是做好资产评估和估价。可以请多家机构尤其是一些声誉好、权威尽责的专业机构对其进行评估。只要抓好资产评估这一环节，避免权钱交易、内幕交易，就能防范国有资产流失。

原载《中国证券报》，2014-04-15

正确理解市场决定性作用

张卓元

基础性作用提法的继承和发展

《决定》用市场在资源配置中起决定性作用代替原来的基础性作用，主要原因有以下三点。

第一，这是我们党对社会主义市场经济体制改革认识不断深化的结果。1992 年，党的十四大确立社会主义市场经济体制改革目标时，就提出了使市场在社会主义国家宏观调控下对资源配置起基础性作用。2002 年，党的十六大进一步提出，在更大程度上发挥市场在资源配置中的基础性作用，健全统一、开放、竞争有序的现代市场体系。2012 年党的十八大更进一步提出，更大程度更广范围发挥市场在资源配置中的基础性作用。可以看出，20 年来，对市场机制作用的认识是逐步往前走的。人们越来越深切地感受到，资源的稀缺性要求不断提高资源配置效率，而迄今为止的中外实践表明，市场配置资源是最有效率的，市场经济就是市场配置资源的经济。《决定》指出，市场决定资源配置是市场经济的一般规律，健全社会主义市场经济体制必须遵循这条规律。市场的决定性作用能够更加确切和鲜明地反映市场机制对资源配置的支配作用，反映市场经济的基本规律及价值规律的内在要求。

第二，这是经济改革实践发展的必然选择。党的十四大确立社会主义市场经济体制改革目标后，在市场化改革推动下，比较快地初步建立起社会主义市场经济体制。但是还不完善，还存在不少体制性弊端，突出地表现在政府直接配置资源过多，政府对社会经济活动干预过多，存在多种形式的行政垄断。这说明，在政府和市场的关系方面存在政府越位和缺位现象，从而在相当程度上影响市场机制对于社会经济活动的调节作用。《决定》提出市场在资源配置中起决定性作用，意味着凡是依靠市场机制能够带来较高效率和效益并且不会损害社会公平和正义的，都要交给市场，政府和社会组织都不要干预，各个市场主体在遵从市场规则范围内，根据市场价格信号，通过技术进步、劳动者素质提高、管理创新，努力提高产品和服务质量，降低成本，在公平的市场竞争中求生存、求发展，优胜劣汰，从而不断提高社会生产力。

第三，可以更好地发挥政府作用。市场在资源配置中起决定性作用并不意味着不重视政府的作用，而是要明确政府职能，更好地发挥政府作用。《决定》明确指出，政府的职责和作用主要是保持宏观经济稳定，加强和优化公共服务，保障公平竞争，加强市场监管，维护市场秩序，推动可持续发展，促进共同富裕，弥补市场失灵。具体来说包括：一是要搞好宏观经济调控，保持宏观经济稳定运行，防止大起大落。二是要加强市场监管，维护市场公平竞争秩序，政府主要是裁判员而不是运动员，即使对国有企业也要实行政企分开、政资分开。三是要做好公共服务，这方面现在做得很不到位，需要加快补上去。四是完善社会治理，加强社会管理，促进社会和谐与全面进步。五是保护环境和生态，这是针对进入新世纪后我国环境生态问题突出而对政府提出的新要求，也是我国“五位一体”建设对政府提出的新要求。

决定性作用的三个指向

第一，解决政府对资源配置干预过多问题。《决定》指出，必须积极稳妥地从广度和深度上推进市场化改革，大幅度减少政府对资源的直接配置，推动资源配置依据市场规则、市场价格、市场竞争实现效益最大化和效率最优化。政府的职责和作用主要是保持宏观经济稳定，加强和优化公共服务，保障市场公平竞争，加强市场监管，维护市场秩序，推动可持续发展，促进共同富裕，弥补市场失灵。因此，政府改革、政府职能转换是目前经济改革的关键，是全面深化改革的关键，也是市场在资源配置中起决定性作用的关键。

第二，解决市场体系不健全、真正形成公平竞争的市场环境问题。要使市场在资源配置中起决定性作用，需要有全国统一开放的市场体系和公平竞争的环境。目前我国的市场体系还不够完善，主要表现在生产要素和资源产品价格市场化程度不高，存在不同程度的扭曲，这同政府不当干预过多有关，也同市场发育不够成熟有关。所以，我们必须加快建立现代市场体系，政府要加强市场监管，营造公平竞争的环境，使各个市场竞争主体在公平的舞台上平等竞争，优胜劣汰，不断提高效率。

第三，解决对非公有制经济的一些歧视性规定，包括消除各种隐性壁垒设置等问题。首先是认识问题。一个时期以来，无论是理论界还是经济界，总有人对非公有制经济在社会主义市场经济中的地位和作用估计不足，不承认非公有制经济同公有制经济一样都是我国经济社会发展的重要基础。《决定》对此作出了明确的肯定的回答，指出公有制经济和非公有制经济都是社会主义市场经济的重要组成部分，都是我国经济社会发展的重要基础。这是《决定》的一个亮点。《决定》进一步明确指出支持非公有制经济健康发展。非公有制经济在支撑增长、促进创新、扩大就业、增加税收等方面具有重要作用。坚持权利平等、机会平等、规则平等，废除对非公有制经济各种形式的不合理规定，消除各种隐性壁垒，制定非公有制企业进入特许经营领域的具体办法。鼓励非公有制企业参与国有企业改革，鼓励发展非公有资本控股的混合所有制企业，鼓励有条件的私营企业建立现代企业制度。可以预见，在《决定》的指引下，我国非公有制经济将会有更好更快的发展。

围绕决定性作用深化经济体制改革

深化经济体制改革，要紧紧围绕使市场在资源配置中起决定性作用展开。

把积极发展混合所有制经济作为今后完善基本经济制度的着力点。《决定》对发展混合所有制经济特别重视，提出国有资本、集体资本、非公有资本等交叉持股、相互融合的混合所有制经济，是基本经济制度的重要实现形式。要求积极发展混合所有制经济。发展混合所有制经济，为深化国有企业改革、国有资本战略性调整进一步指明了方向，为非公有资本参与国有企业改革改组、与其他资本平等竞争进一步指明了方向，是今后完善基本经济制度的着力点。今后，要允许更多国有经济和其他所有制经济发展成为混合所有制经济。国有资本新投资项目要鼓励非国有资本参股。允许混合所有制经济实行企业员工持股，形成资本所有者和劳动者利益共同体。

与此同时，要继续推进国有大中型企业公司制股份制改革，完善公司法人治理结构；完善国有资产监管体制，国资监管机构从以管企业为主向以管资本为主转变，优化资本配置，提高国有资本收益上缴公共财政比例，2020年提高到占30%，更多用于保障和改善民生。继续支持非公有制经济发展，激发非公有制经济活力和创造力。

着力清除市场壁垒，加快完善现代市场体系。《决定》第一次提出要探索在市场准入方面实行负面清单的管理模式，提出实行统一的市场准入制度，在制定负面清单的基础上，各类市场主体可依法平等进入清单之外的领域。探索对外商投资实行准入前国民待遇加负面清单的管理模式。针对一个时期以来一些地方竞相出台优惠政策招商引资进行恶性竞争，造成产能严重过剩等问题，今后，要实行统一的市场监管，清理和废除妨碍全国统一市场和公平竞争的各种规定和做法，建立健全社会征信体系。与此同时，着力深化市场化的价格改革。《决定》提出，完善主要由市场决定价格的机制，推进水、石油、天然气、电力、交通、电信等领域的价格改革，放开竞争性环节价格。同时明确政府定价范围主要限定在重要公用事业、公益性服务、网络型自然垄断环节，提高透明度，接受社会监督。

原载《经济日报》，2014-05-08

划清政府和市场的边界

张卓元

关于市场在资源配置中起决定性作用的适用范围

用市场在资源配置中起决定性作用的论断代替已经沿用了21年的基础性作用的提法，这是《中共中央关于全面深化改革若干重大问题的决定》（以下简称《决定》）的一个亮点，具有很强的现实针对性。在此之前，我国经济界和理论界还没有人明确提出过这一论断，说明这次《决定》走在改革理论的最前列，值得我们认真学习、深刻领会。我记得这次起草文件的时候，曾提出希望改革文件能够在改革理论方面走在最前列。我认为本次文件起草已经做到了这一点。

这里有一个问题值得研究，就是市场在资源配置中起决定性作用的范围如何界定？我认为，市场在资源配置中起决定性作用主要适用于经济领域，并不像适用于经济领域那样适用于文化社会等领域。虽然在文化社会等领域中，产业的部分也需要很好地运用市场机制，文化社会等领域有不少公共服务的部分，比如，义务教育、公共文化服务、基本医疗卫生服务、居民的基础养老、廉租房供应等等，但这些资源的配置是不能由市场来起决定性作用的。过去曾经一度出现过上述领域也搞市场化的倾向，使政府提供公共服务的职责没有很好到位。所以，这次《决定》明确指出要紧紧围绕使市场在资源配置中起决定性作用来深化经济体制改革，而没有说其他领域的改革也要紧紧围绕使市场在资源配置中起决定性作用来展开。

在经济领域也有市场失灵的部分。比如，自然垄断环节中关系国家安全的部分，不是特别容易界定，但这一部分在经济领域只占比较小的比重。对于经济领域的主体部分，市场在资源配置中应该起决定性作用。目前这方面做得不够好，主要是政府配置资源过多，由于行政垄断和其他行政干预妨碍了竞争性市场体系的形成和健全，没有很好地形成公平竞争的市场环境。

国内外的实践都表明，只有让市场起决定性作用才能够不断提高资源配置的效率，更好地促进经济增长。这个问题目前在理论界也有不同的意见。有的专家认为，资源配置有宏观和微观的不同层次，在资源配置的微观层次，市场价值规律可以通过供求变动和竞争机制发挥非常重要的作用，也可以说起决定性作用。但是在资源配置的宏观层次，市场不应该、也不能够起决定性作用。宏观层次里包括部门和地区的比例结构等。这里就有一个问题：如果资源配置只是在微观层次市场起决定性作用，而对不同部门和地区的资源配置却不能够和不应该起决定性作用，这样会不会否定在市场信号引导下各个微观主体使资源由效益低的部门和地区自动流向效益高的部门和地区，从而在实际上否定市场对资源配置的决定性作用？我认为上述看法会导致对市场在资源配置中的作用估计不足，甚至导致否定市场在资源配置的微观层次起决定性作用。这个问题值得进一步研究，即市场在资源配置中起决定性作用的范围，是按经济领域与其他领域界定，还是按微观层次和宏观层次界定。

在市场起决定性作用下中央政府和地方政府职能怎样转换

明确市场在资源配置中起决定性作用来代替基础性作用，做这种变动的现实针对性是非常明确的，就是要进一步从广度和深度上推进市场化改革，主要是解决如下问题：政府对资源的直接配置过多、对微观经济活动干预过多和审批过多；政府对市场监管不到位、影响公平竞争环境的形成和健全；政府公共服务、社会管理和保护环境也不到位或缺位，远不能满足老百姓的需求；政府没有很好地依法打破各种各样的行政垄断甚至采取一些歧视性政策，妨碍非公有制经济的发展等。这就要求政府转型，从越位领域退出，填补和做好原来缺位和不到位的工作，实现政府职能的转换，以便更好发挥政府的作用。正如《决定》所指出的，要“加强中央政府宏观调控职责和能力，加强地方政府公共服务、市场监管、社会管理、环境保护等职责”。可见，要落实市场在资源配置中起决定性作用，关键要推进政府改革，划清政府和市场的边界。政府要从多年来介入过深的经济活动中逐步退出，大幅度减少对资源的直接配置，最大限度地减少政府对微观事务的管理，市场机制能有效调节的经济活动，一律取消审批，对保留的行政审批事项要规范管理，提高效率。同时要加强服务职能，即从全能型政府转变为有限型政府、服务型政府、法治型政府，这样才能更好地发挥政府的作用。

在这一方面，我认为目前中央政府在转换职能、减少审批方面应该说做得还是比较有力度的。根据李克强总理 2014 年 3 月所做的《政府工作报告》，国务院 2013 年已分批取消和下放了 416 项行政审批等事项，2014 年要再取消和下放行政审批事项 200 项以上。相对而言，地方政府改革特别是改变地方政府直接配置资源过多和对微观经济活动干预过多，改变软预算约束和依赖土地财政以及借了钱不准备偿还等方面做得还不够好。最近，在微刺激的推动下，一些地方政府又热衷于“大干快上”，继续追求短期 GDP 最大化，实际上还在走老路，还在增加政府对资源的直接配置，以致产能过剩、地方债务急剧增长等问题很难解决。

也许地方政府改革应该怎样迈步，抓什么重点，目前还不是太清楚，值得我们很好研究。而且地方政府改革涉及地方官员利益的调整，这个问题难度比较大，需要中央全面深化改革领导小组强有力的推动才能迈步。我认为，这是目前在深化经济体制改革方面最大的一个难题。

怎样促进混合所有制经济健康发展

混合所有制经济是基本经济制度的重要实现形式，这是《决定》的又一亮点。中国经过三十多年的改革开放，伴随着经济高速增长，无论是国有资本、集体资本还是非公有资本，都增长很快。截至 2013 年年底，国有工商企业资产累计 91 万亿元，所有者权益 31.8 万亿元，其中中央企业所有者权益 16.5 万亿元。2012 年私营企业注册资本也达到 31 万亿元，居民储蓄存款更多，2014 年 4 月已经达到了 47 万亿元，其中半数以上是定期存款。

在这种情况下，发展混合所有制经济，有利于国有资本放大功能，保值增值，提高竞争力，也有利于各种所有制资本取长补短，相互促进，共同发展。发展混合所有制经济，为深化国有企业改革进一步指明了方向。发展混合所有制经济，意味着我们现在不提倡国有企业之间的联合，因为在这之前，很多地方热衷于地方国有企业找中央企业搞联合，而不是跟不同所有制资本的联合。所以国有企业改革的第一步是公司制改革；第二步，光是公司制改革还不够，还应推动股份制改革；再进一步，光是股份制改革还不行，还应推动混合所有制改革，今后要弱化企业的所有制印记，强化市场主体地位。发展混合所有制经济，现在看来，国有企业特别是国有大中型企业似乎要更加积极和主动。

目前，中央企业的母公司中，只有中国联通等八九家公司初步实现了股权多元化，大多数还是国有独资，没有引入非国有的战略投资者，改革滞后了。近来，已经有一些国有大型企业主动提出实行混合所有制，比如中石化将油品销售板块进行重组，引入社会和民营资本参股，实现混合所有制经营。还有像中电投，也是允许民资参股部分中电投旗下的子公司和建设项目，规模比例大概为三分之一。

混合所有制经济既可以由国有资本控股，也可以由非国有资本控股。需要国有资本控股的，最好由多家国有资本经营公司共同控股。当前要着重避免总是国有股一股独大和一家国有企业控股，民间资本参股后没有多少发言权的现象。也要避免有的央企在混合所有制改革中只拿出一部分不赚钱或者成为包袱的业务吸收社会资本参与。

有专家主张，要坚持在增量的基础上发展混合所有制经济，坚决防止抛售优质国有资产，这个问题值得讨论。实际上，按照《决定》的精神，在垄断行业中，除了自然垄断环节外，一般都应该放开，这其中既有存量资产，也有优质资产。此外，不属于《决定》规定的国有资本五个投向重点的存量资产和优质资产，应当可以用于发展混合所有制经济。优质资产更可以评估出好价钱，有利于引入社会资本和竞争机制，从而有利于发展混合所有制经济。

另外，在讨论发展混合所有制经济时，也出现有的民营企业一讲到混合所有制经济就要求控股的现象，这也不完全现实。因为现在有的准备引进社会资本的央企，比如中石化，它的油品销售板块拿出三分之一就达到上千亿元，目前单个民营资本恐怕还不具备控股的能力。与此同时，也要防止在混合所有制改革中出现国有资产流失，其中最重要的就是要客观合理地评估国有资产，要依法和公开透明操作，严格防止过去国有企业改革过程中出现的很多乱象。

有专家估计，目前混合所有制经济总体上占我国国民经济的比重为三分之一左右。按照现在的发展速度，我估计，到2020年，我国混合所有制经济总体上占我国国民经济的比重可以提高到50%左右。所以，可以想象，随着经济发展和改革深化，产权多元、自主经营、治理规范的混合所有制经济将会有长足的发展，成为社会主义市场经济的主要微观主体。因此，今后需要加强对混合所有制经济的研究，包括怎样完善法规政策，健全法人治理结构，真正做到在一个经济单位内部，各类资本能够实现同等产权保护、在约定条件下资本进出自由、同等使用生产要素、同等受益，促进混合所有制经济健康发展。

国有资产监管机构怎样从以管企业为主向以管资本为主转变

《决定》提出，“完善国有资产管理体制，以管资本为主加强国有资产监管，改革国有资本授权经营体制，组建若干国有资本运营公司，支持有条件的国有企业改组为国有资本投资公司。”这意味着国有企业和国有资产管理体制改革进入了全新的阶段，别看光是从以管企业为主向以管资本为主的转变，只有两个字的变化，但这是一个非常大的转变。如何从以管企业为主向以管资本为主转变，对国资委来说是一个全新的课题。从哪里着手转轨就很值得研究探索，包括怎样组建国有资本的运营公司和投资公司，也需要探索经验。

国资委主要管资本，也是同积极发展混合所有制经济相适应的，因为国资委要逐步致力于国有资本的优化配置，也就要求更好地发展混合所有制经济。这次《决定》专门指出，“国有资本投资运营要服务于国家战略目标，更多投向关系国家安全、国民经济命脉的重要行业和关键领域，重点提供公共服务、发展重要前瞻性战略性产业、保护生态环境、支持科技进步、保障国家安全。”

与 1999 年党的十五届四中全会的决定相比，应该说这次《决定》又前进了一步。1999 年提出了国有资本要控制的国民经济四大领域，即涉及国家安全的行业、自然垄断的行业、提供重要公共产品和服务的行业，以及支柱产业和高新技术产业中的重要骨干企业。比如 1999 年四大领域中有个自然垄断行业，国家要控股经营，这个没有问题，但是这次非常明确地提出来，国有资本需要控制的主要是自然垄断环节，除了自然垄断环节以外，应该尽可能地引入竞争机制。所以国有资本投资的五个重点领域和 1999 年的四大领域相比应该说又前进了一步。另外，这次《决定》还提出，“国有资本加大对公益性企业的投入，在提供公共服务方面作出更大贡献。”有人估计目前国有资本 80%左右集中在竞争性行业，太高了，虽然国有资本五个投向重点里也有一些是竞争性行业，但是今后要逐步把更多的国有资本投向公益性的方面。所以，目前国有资本的配置需要按照《决定》的要求进行调整。

看来，今后要很好地界定各类国有资本的职能。国有资本大体可以分为三类：一类是公益性资本，还有一类是收益性或商业性资本，第三类是介乎两者之间或者两者兼有的资本。公益性资本主要投资于提供公共服务和保障领域，包括基础设施、基础产业普遍服务等；收益性资本主要投资于重要竞争性产业和技术创新等领域，包括投资于引领科技进步、具有国际竞争力、进入世界500强的大型企业和跨国公司。与上述资本职能相适应，组建若干国有资本运营公司和投资公司，分别制定不同类型公司对各个企业的出资和投资方式，确定它们的经营目标和考核体系。比如对于公益性资本运营公司就不能以资本增值作为主要考核指标，而应当着重在成本控制、服务质量等方面提出要求，这些都需要在不断总结实践经验基础上认真研究和逐步完善。同时，要借鉴国内外一些比较成功的资本运营公司和投资公司的基本做法和经验。比如，对于新加坡的淡马锡公司和国内汇金公司的资本运营和投资控股的一些做法，我们要结合具体实际，认真研究探索最佳模式。

原载《上海证券报》，2014-07-08

改革的决定性成果如何实现

张卓元

有些重要领域和关键环节的改革总体方案需很好研究和制定

十八届三中全会通过的《中共中央关于全面深化改革若干重大问题的决定》（以下简称《决定》）对全面深化改革作出了部署，明确提出到2020年在重要领域和关键环节的改革上取得决定性成果，完成本《决定》提出的改革任务。《决定》共提出336项举措，其中经济和生态部分116项。原来设想各项改革举措分给各有关单位落实，但是似乎还不够，除了要进行第三方评估外，有的还需制定总体规划才能逐步推进和落实，比如国企改革、金融改革、住房制度改革、农村土地制度改革等。

以国有经济改革为例，就包含国资改革、国企改革、混合所有制改革。改革的方向和原则《决定》都讲了。应当说，《决定》讲得还是比较明确的。但是有关部门对《决定》提出的改革方向和原则有一个体会和认识的过程，否则很难准确落实。有的改革举措比较具体且容易一步步落实。比如，提高国有资本收益上缴的比例，2020年提高到30%，就相对容易落实。所以《决定》提出后，2014年就有动作，财政部公布中央国有独资企业应缴利润收取比例2014年提高5个百分点，最高一档提高到25%。特别是，调入公共财政预算用于社会保障、民生领域的比例有较大幅度的增加，从2010年调入10亿元到2013年调入65亿元，2014年则安排调入184亿元，增长183%。即使这样，2014年安排数仍只占央企上缴国有资本收益的13%，还是太低。我认为，到2020年，安排调入公共财政预算的比例应占50%以上。

与此不同，有的改革举措就复杂得多。比如国资委从以管企业为主向以管资本为主的转变，就意味着国资委职能的重大变化。怎么转？分几步转？就要先想清楚，然后才能很好迈步。《决定》在谈到国资监管机构以管资本为主时说，“改革国有资本授权经营体制，组建若干国有资本运营公司，支持有条件的国有企业改组为国有资本投资公司。”这里所说的两类公司，其区别在哪里？这在经济界就有很多讨论。最近看到一个研究单位主张，国有资本运营公司应是商业性公司的出资人，归财政部管，而国有资本投资公司是政策性（公益性）公司的出资人，归国资委管。这跟《〈中共中央关于全面深化改革若干重大问题的决定〉辅导读本》对这两类公司的解释是不一致的。但《〈中共中央关于全面深化改革若干重大问题的决定〉辅导读本》的解释在经济界也有不同的意见。这就需要很好研究，提出有说服力和可操作的解释。

对混合所有制改革的认识分歧也很大。有人说混合所有制改革没有什么新意，股份制不就是混合所有制吗？有人说混合所有制是一厢情愿，国企和民企体制机制不同，无法混合，等等。其实我体会，《决定》提出混合所有制改革是为了进一步深化国企改革和完善基本经济制度。深化国企改革主要是推进国企积极引进非国有资本，深化股份制公司改革，完善公司法人治理结构。特别是要求自然垄断行业放开竞争性业务，吸收非国有资本参股，使非国有资本主要是民间资本有更大的发展空间，使各类资本充分发挥各自优势，共同发展。同时淡化企业的所有制色彩，强化企业的市场主体地位。有人提出，对竞争性产业，国有资本公司可持优先股，不参与经营。混合所有制经济允许实行员工持股，有利于政企分开，企业的重要决策均由董事会独立作出，不必事事请示国资委，国资委与企业单位只是出资人（股东）与企业的关系，而不是行政隶属关系。当然，这不是很短时间里就能做到的，但目标应当明确。

有些重要经济理论问题也需要认真深入研究

为深化经济体制改革，有些重要经济理论问题也需认真研究。比如，市场在资源配置中起决定性作用，这是这次《决定》最大的亮点，有很强的针对性。我曾经一再说起，其针对性主要有三条：一是为了纠正政府直接配置资源过多和对微观经济活动干预过多；二是针对现有市场体系不完善主要是竞争不公平和无序问题，有些地方政府违规出台优惠政策招商引资，包括违规降低税收、降低能源价格，特别是电价、地价等，造成不平等竞争，所以《决定》指出，建设统一开放、竞争有序的市场体系，是使市场在资源配置中起决定性作用的基础；三是针对所有制歧视，对各类资本应同等重视、同等保护，更好地发挥非公有制资本对增长、就业、创新、税收等的积极作用。

在论述市场的决定性作用时，我认为有一些说法是不完全的。比如，为强调市场的决定性作用，笼统地说市场说了算，可能就不够全面。因为在社会生活中，包括在经济活动中，并不能完全由市场说了算，有一些领域，如提供公共产品和服务的领域（包括义务教育、基本医疗卫生等）的资源配置，就不能由市场说了算。即使在经济领域的市场失灵部分，也不能由市场说了算。另外有人主张，产业的分布和区域结构不能依靠市场调节，不能让市场来起决定性作用，这可能把市场对资源配置的决定性作用大大缩小了。因为市场的决定性作用，主要是指稀缺的资源在市场信号的指引下，从效益低的部门和地区自动流向效益高的部门和地区，从而提高整个资源的配置效率。按上述说法，有可能否定了市场对资源配置的决定性作用。这是一个比较重要的理论问题，有必要研究清楚。这里涉及的是关于市场的决定性作用的范围问题。我认为，市场的决定性作用，主要适用于经济领域，尽管在经济领域也有市场失灵部分，但只是局部性的，对于经济领域的主体部分，市场在资源配置中应起决定性作用。《决定》指出，应该“紧紧围绕使市场在资源配置中起决定性作用深化经济体制改革”。

此外，最近有人提出，市场对土地资源的配置不能起决定性作用。比如，十八亿亩耕地红线是不能突破的。也有学者不同意上述意见，有十七位学者向中央政策研究室上书，认为上述说法变为规划起决定性作用了。这个问题很复杂，一直存在不同认识，值得进一步研究。

没有自上而下的强力推动改革很难深化下去

中国现阶段改革已进入深水区，最重要的标志是改革会触动一些人的既得利益，如果没有自上而下的强有力推动，很难启动和深化下去。以最近国有企业主要是央企高管人员薪酬改革来说，就很明显。由于市场选聘经营人员进展太慢或滞后，央企90％以上的管理人员都是行政任命的。这样就使薪酬改革涉及的人很多，不但影响面大，阻力也大。本来这次央企高管人员薪酬改革的主要对象为行政任命的主要负责人，这是必要的、正确的。但是这会影响一大片，因为据说很多央企管理层都是按董事长的薪酬的一定比例确定其薪酬的。比如副职是80%，部门经理是70%，部门副经理是60%等。这样，董事长薪酬一变，几乎全部管理层薪酬都按比例下降。这会触动相当多人的既得利益，还可能会带来激励机制不足、人才流失的问题。有的市场化选聘比例高的公司就不一样，比如中投公司，有一些市场化选聘的专业人员薪酬从一开始就比董事长还高，这次改革也不影响他们的工资收入，因为是有合同规定的。这说明，央企去行政化任务还很重，要按《决定》的要求，尽快提高市场化选聘经理层的比例。

房地产税也碰到类似困难。《决定》明确提出，加快房地产税立法并适时推进改革，但是这项改革很难推进，起码比2003年十六届三中全会提出开征物业税即房地产税时难度大得多。建立不动产统一登记平台也是阻力重重，原因很简单，部分政府官员拥有几套住房，所以，他们一般都不赞成开征房地产税，对不动产统一登记平台的建设也不支持，甚至阻挠。所以，有些改革之所以不易展开，重要原因往往是受到既得利益群体的阻挠。

我们还要看到，改革越拖延，就越难启动，因为利益固化了，积重难返。我们讨论过，如果2003年后不久就着手开征房地产税，阻力肯定不像现在这样大，中国的房地产市场也不至于这样乱象丛生。而不少国家的实践表明，开征房地产税对抑制房产投机和投资需求是很有效的，对于建立规范的市场秩序是很重要的。

原载《上海证券报》，2014-10-24

深水区改革的实施逻辑

张卓元

中国的经济体制改革是逐步向市场化的方向推进的。大体说来，可以分为四个阶段：一是改革开放初期开始在经济活动中引入市场机制，尊重价值规律的作用，农村实行包产到户，城市企业扩大自主权，激发了经济活力。二是 1984 年十二届三中全会确认社会主义经济是公有制基础上有计划的商品经济后，逐步放开农副产品和小商品、工业消费品、工业生产资料的市场和价格，并逐步允许个体经济和私营经济存在和发展，在原有体制外产生一个不断增大的市场主体，扩大对外开放，整个社会经济生活迅速活跃起来。三是 1992 年十四大确立社会主义市场经济体制的改革目标，从此改革开放大步推进，以建立现代企业制度为方向的国有企业改革迅速展开，个体私营经济加快发展，财税、金融、价格、外贸等市场化改革全面开花，到 20 世纪末已初步建立社会主义市场经济体制，2001 年加入世界贸易组织，中国经济迅速起飞。四是新世纪后，进入健全和完善社会主义市场经济体制阶段。

改革进入深水区，需要攻坚克难的任务有：划清政府和市场的边界，使市场在资源配置中起决定性作用，深化央企改革和垄断行业改革，克服所有制歧视，让非公有制经济平等进入市场和参与竞争，加快形成现代化竞争性市场体系，推进资源产品市场化改革，深化财税金融和科技体制改革，完善农村土地制度并形成城乡一体化体制机制，进一步扩大对外开放等，为中国经济转型和发展方式转变，全面建成小康社会，提供强大动力和制度保障。需要特别提出的是，经济改革发展到完善新体制阶段，必须有行政体制改革，其中主要是政府改革的配合，还要有社会、文化、生态文明等体制改革的配合，才能真正建成比较健全、完善的社会主义市场经济体制。因此，十八届三中全会部署全面深化改革是一项非常正确的决策。

中国渐进式经济改革并非单兵突进，而是采取小配套、一揽子、整体设计等方式向前推进的。1987 年在受托制定中期改革规划时，我们就曾提出，经济改革要沿着两条主线推进：一是所有制改革，形成新体制的基础结构；二是经济运行机制改革，以价格改革为中心形成新的竞争性市场体系。在 20 世纪八九十年代，价格改革一直走在改革最前列，初步实现经济运行机制转轨，并逼迫企业改革迎头赶上，从而于 1998 年提出国有企业三年脱困和改革任务。中国还成功实现以开放促改革，并在加入经济全球化过程中受益。我于 2014 年出版的《中国改革顶层设计》一书，正是以上述经济改革双线推进的思路，论述中国经济改革的进程，并试图探讨其中的若干规律性。改革只有进行时，中国经济改革正在十八届三中全会精神的指导下加速向前。在这个过程中，肯定会涌现许多新的规律性元素要求我们深入研究。这就要求我们不断学习、不断探索，认真总结改革实践的经验，进行理论概括和升华，以日益丰富中国特色社会主义经济理论体系。

新一轮改革的主要特点

中国改革是一个逐步深化的过程，每迈出一步都要经历无数曲折。目前的中国改革，已经从摸着石头过河阶段到了改革的深水区即改革的攻坚克难阶段，这一阶段也是全面建成小康社会的决定性阶段。完善和发展中国特色社会主义制度任务紧迫，推进国家治理体系和治理能力现代化尤显着急。2013 年 11 月十八届三中全会通过的《中共中央关于全面深化改革若干重大问题的决定》（以下简称《决定》）便是指导新的历史时期全面深化改革的纲领性文献。其出台仅短短数月，就对中国改革发展实践产生了巨大的作用和影响，对于中国社会主义现代化建设的深远历史意义与现实意义已经慢慢为人所知。

中国改革开放肇始于 1978 年年底，此后每逢双届的三中全会都是以改革为主题作出决定。如 1984 年十二届三中全会作出了《中共中央关于经济体制改革的决定》，1993 年十四届三中全会作出了《中共中央关于建立社会主义市场经济体制若干问题的决定》，2003 年十六届三中全会作出了《中共中央关于完善社会主义市场经济体制若干问题的决定》。然而，同上述三次改革部署相比较，此次全面深化改革部署有哪些重要特点呢？在我看来，至少有四个特点：

（1）范围不同。以往三次都是关于经济体制改革的决定，内容涉及建立社会主义商品经济新体制、建立或完善社会主义市场经济体制等，而此次的范围扩大到了整个中国特色社会主义制度，以完善和发展中国特色社会主义制度、推进国家治理体系和治理能力现代化为总目标。改革范围的变化反映了中国经过30多年的改革开放后，需要从主要推进经济改革扩展到全面深化经济、政治、文化、社会和生态文明体制的改革，唯其如此我们才能在2020年全面建成小康社会时，形成系统完备、科学规范、运行有效的制度体系，使各方面制度更加成熟、更加定型。“五位一体”或“六位一体”改革（即加上执政党的建设制度改革）是相互联系、相互促进的。我们看到，十八大以来，由于严格实行八项规定、反对“四风”、加大反腐败斗争力度等政治体制和执政党的建设制度改革，政府有力地推动了经济等各个领域的改革，逐步使全面深化改革成为一股滚滚洪流、势不可当。

（2）紧贴现实紧迫的经济问题，亮点纷呈。虽然2003年中央已作出了关于完善社会主义市场经济体制的决定，但由于此后落实情况不是很好，加上几年的“大干快上”以及对2008年国际金融危机的反应有点过度，实行四万亿元投资刺激计划，使国民经济原本已存在的不平衡、不协调、不可持续的问题更加突出，转变经济发展方式、实现经济转型显得更加刻不容缓，而又主要靠深化改革才能从根本上解决上述长期积累的难题。针对当前经济生活中突出的矛盾和问题，《决定》明确提出，中国改革已进入攻坚期和深水区，必须以强烈的历史使命感，最大限度地调动一切积极因素，敢于啃硬骨头，敢于涉险滩，以更大决心冲破思想观念的束缚、突破利益固化的藩篱，推动中国特色社会主义制度自我完善和发展。为此，十八届三中全会提出许多大胆而又必要的市场化改革主张和举措，在经济领域就有：使市场在资源配置中起决定性作用、积极发展混合所有制经济、国有资产监管机构主要以管资本为主、明确公有制经济和非公有制经济都是社会主义市场经济的重要组成部分以及都是中国经济社会发展的重要基础、探索实行负面清单的管理模式、允许具备条件的民间资本依法发起设立中小型银行等金融机构、加快转变政府职能、改进预算管理制度、加快房地产税立法并适时推进改革、赋予农民更多财产权利、加快建设自由贸易区、进一步放开现代服务业和一般制造业等，可谓亮点纷呈。

（3）改革举措具体明确，更加注重各个领域改革举措的落实。从《决定》起草一开始，就要求按照改革总目标要求，滚动统计提出了多少项改革举措以及这些改革举措的落实单位和时间表，最后形成 16 个方面、60 项改革和 336 项改革举措，并且强调抓紧落实。从 2013 年 4 月起草开始，中央一直大力宣传十八大精神，广泛凝聚改革共识。在起草过程中政府就在抓改革举措的落实，如国务院从 2013 年 4 月起分 4 次取消和下放 400 多个审批事项，建立中国（上海）自由贸易试验区，试行负面清单管理模式，推进利率市场化，大力推进反腐败斗争，等等。《决定》通过后，改革更是全面提速和密集出台。有人粗略统计，从其通过到 2014 年 3 月初两会召开，仅仅 3 个多月时间，60 项改革中已启动实施的就已过半数。这种情况，同十八大前十年改革处于半停滞状态形成鲜明的对照。

（4）中央成立全面深化改革领导小组，成为强有力推进改革的最高层次的组织保障。《决定》提出："中央成立全面深化改革领导小组，负责改革总体设计、统筹协调、整体推进、督促落实。"这是其中一个最大亮点，是落实全面改革最根本的保证。回想 2005 年和 2006 年，曾经有专家向中央建议，为避免改革方案受到既得利益群体的左右，克服既得利益群体对改革的抵触和阻挠，需要恢复改革初期建立的体改委或体改办，或在国务院成立改革的领导和协调机构。这些建议当时未被采纳。而现在成立的中央全面深化改革领导小组，大大超出了当年专家的建议和期望，是层次更高、更加权威的机构。不仅如此，我们还欣喜地看到，2014 年 1 月 22 日，在十八届三中全会召开两个月后，中央全面深化改革领导小组就成立并举行了第一次会议，由国家主席习近平亲自担任小组组长，会议审议和通过了领导小组和 6 个专项小组以及中央改革办的工作规则和工作细则等，进一步吹响了改革的号角。紧接着，2014 年 2 月 28 日习近平主席又主持召开了中央全面深化改革领导小组第二次会议，审议通过了《中央全面深化改革领导小组 2014 年工作要点》《关于十八届三中全会〈决定〉提出的立法工作方面要求和任务的研究意见》《关于经济体制和生态文明体制改革专项小组重大改革的汇报》等。人们期待的改革大幕已经拉开。

审视前十年改革进程放缓之由

2003 年以后，中国经济改革同头 25 年相比有所放慢，这种状况一直延续到 2012 年。改革放缓累积了大量的问题，亟待解决。在 2010 年中国社会科学院举办的一次经济论坛上，有的国外学者如新加坡东亚研究所所长郑永年教授认为这几年中国“无改革”。我当时是他发言的评论人。我说，一方面上述论断并不是很全面准确，因为 2003 年以来中国还是在继续推进改革且取得了一定成效，如 2005 年以来上市公司股权分置改革、四大国有商业银行整体上市、取消农业税、集体林权制度改革、人民币汇率形成机制改革、成品油价格形成机制改革、增值税转型、企业和个人所得税改革、资源税费改革、房地产税改革试点、文化体制改革、医疗卫生体制改革、以全覆盖为目标的社会保障体系建设等；另一方面，也要承认，这几年的确没有特别重要和关键的环节以带动全局的改革。

那么，为什么 2003 年以来会出现改革进展缓慢的现象呢？我认为原因有以下四个：

（1）上上下下专注于发展而顾不上改革。这段时间可以说从中央到地方各级，领导和干部的精力都是专注于发展而顾不上改革。由于经济增速很高，2007 年高达 14.2%，各级政府部门都几乎用全力解决经济高速增长中出现的各种矛盾和问题，如煤电油运的紧张问题，使改革难以摆上议事日程。所以有一些学者将当时的政府称为发展主义政府或增长主义政府。地方政府更是全力以赴抓短期 GDP 增速最大化，以显示自己的政绩，政府官员也因此可以获得升迁。有的地级市市委书记说，我只抓项目，别的不管，人称“项目书记”。抓投资、抓项目成为地方政府各部门的主要工作。在方针原则上，人们常说发展中出现的问题要靠进一步的发展来解决，这个说法值得进一步研究。我们要做大“蛋糕”，但做大“蛋糕”后分“蛋糕”过程中出现的分配不公、差距过大等问题，光靠进一步做大“蛋糕”是很难解决的。从经济学原理来说，生产、流通、分配、消费都是相对独立的环节和过程。分配环节和过程中出现的问题光靠发展生产是难以解决的。在实践中，有的专家认为中国现在就是要靠发展，通过加快发展增加经济总量和财政收入，以改善民生，保社会稳定，而改革要冒较大风险，不能期望有多少举动，以免危及社会稳定。这有一定道理，但不是长久之计，还会不断积累矛盾，或使已有矛盾往后推，甚至积重难返。还是要靠改革来逐步理顺体制和各方面关系，实现长治久安，让老百姓过上稳定的好日子。这才是根本之策。

（2）既得利益群体的阻挠和反对。这主要体现在垄断行业积重难返，改革难度较大。现实的问题是，垄断行业改革很难推进，新的厂商很难进入垄断行业中的非自然垄断环节，竞争机制很难引入，国务院的两个“36 条”[①] 很难落实。之所以如此，是因为改革受到垄断行业既得利益群

① 这里的两个“36 条”具体是指《国务院鼓励支持非公有制经济发展的若干意见》（简称“非公 36 条”）以及《国务院关于鼓励和引导民间投资健康发展的若干意见》（简称“新 36 条”）。

体的阻挠和反对。政府改革的难度也很大。强势政府主导资源配置对政府官员有莫大好处，这个权力极难割舍，这也是审批制改革进展缓慢的原因。政府直接支配资源过多、介入经济过深，必然会阻碍市场对资源配置发挥基础性作用或决定性作用。政府改革已经成为深化各项改革的关键环节或突破口，但这一改革因为会使相当一部分官员利益受损而阻力重重，难有进展。

（3）学界有人怀疑市场化改革产生的争议影响改革的顺利推进。如有的经济学家认为国有经济中的垄断行业和垄断企业需要进行改革是个伪命题；有的文章主张实行“国进民退”；有人认为当前主张民富优先是奇谈怪论，是挑拨人民群众同政府的关系；有的文章把当前居民收入差距过大归咎于民营经济发展过快，动摇了公有制的主体地位；等等。上述观点的提出，引起学界的争论，同时在一定程度上影响改革的顺利推进。

（4）缺少改革专门机构的统筹协调与强力推进。2003 年国务院机构改革把原国家体改办同国家计委合并，组建国家发改委，这样就不再有专司改革的机构了。当时主张把体改办与国家计委合并的一个重要根据是，那几年由国家计委提出的民航、电信等垄断行业分拆改组的改革方案，由于能把改革和发展较好地结合起来，在发展中推进改革，比较现实可行，因而在实践中被采纳并初见成效。与此不同，那时体改办等提出的方案却未被采纳。这在当时是有说服力的，也把当时参加机构改革方案起草的成员说服了。但是从 2003 年以后八九年的实践来看，那次机构改革后国家发改委并没有更好地推进改革包括垄断行业改革，反而是改革进展缓慢，究其原因，是国家发改委那几年几乎是全力以赴地处理经济高速增长中碰到的各种紧迫问题，无力顾及改革，或者抽不出更多精力来推进重要领域和关键环节的改革。这样，原来以为把体改办并入国家发改委有利于更好地推进包括垄断行业的改革的如意算盘落空了。2011 年，原国家体改办主任陈锦华在《国家体改委志在改革》一文中也说："国家体改委机构撤销，人员没有留住，有些重要改革也没有继续深化下去。体改委消亡有点儿过早了，中国还不到这一步。"

转型以经济改革为引擎

转方式、促转型，迫切要求重启改革议程。2012 年十八大在提出全面建成小康社会任务的同时，要求全面深化改革开放，其指出，"全面建成小康社会，必须以更大的政治勇气和智慧，不失时机深化重要领域改革，坚决破除一切妨碍科学发展的思想观念和体制机制弊端，构建系统完备、科学规范、运行有效的制度体系，使各方面制度更加成熟更加定型。"2013 年十八届三中全会进一步作出了《关于全面深化改革若干重大问题的决定》，共 16 个方面、60 项改革、336 项改革举措，并明确要求到 2020 年，在重要领域和关键环节改革上取得决定性成果，完成该《决定》提出的改革任务。这表明中国改革已重新出发并进入新阶段，即进入啃硬骨头的攻坚阶段。如果说十八大以后中国的改革征程再度出发，则可以说十八届三中全会再次吹响了改革的号角。

改革蓝图宏大而全面，深化改革的蓝图仅经济领域就满是亮点。经济领域的改革又以经济体制改革为特色。为什么全面深化改革要以经济体制改革为重点？根据十八届三中全会的精神，我认为，最重要的是，中国今后在相当长一段时间内，仍应坚持以经济建设为中心，大力打牢中国特色社会主义的物质基础。今后无论是全面建成惠及全国 14 亿人口的小康社会、避开中等收入陷阱进入高收入国家行列，还是到中华人民共和国成立 100 周年时实现中华民族的伟大复兴、基本上实现现代化成为发达国家，都要求我们奋力推进社会主义现代化建设。

因此，需要着力完善社会主义市场经济体制、不断破除各种各样体制障碍，进一步解放和发展社会生产力，激发各种社会活力和企业活力，使改革开放以来经济快速发展的势头能够更好地持续下去。与此同时，我们也要清醒地看到，中国经济虽然经过三十多年改革开放后的高速增长，但至今仍然是发展中国家，仍然处于而且将长期处于社会主义初级阶段，人均 GDP 仍然远低于世界平均水平。按照年人均纯收入 2 300 元的农村扶贫标准计算，2013 年中国农村贫困人口仍有 8 249万人。中国工业化、城市化的任务还很重。我们要到 2020 年全面建成小康社会，首要目标就是实现 GDP 和城乡居民人均收入比 2010 年翻一番。这就要求我们实现经济的持续健康发展。经济是基础，物质财富的增加是社会进步的基础。全面建成小康社会，首先要使经济再上一个台阶，物质财富有大幅度的增长，在此基础上，实现社会全面进步和转型。

进入 21 世纪后，中国经济在快速发展过程中逐渐显露出不平衡、不协调、不可持续的问题，长期粗放扩张带来的资源和环境瓶颈制约越来越突出，面临转型，即从追求数量、扩张规模到追求质量、讲求效率转变的迫切任务，要求加快转变经济增长和发展的方式，核心是实现经济增长由主要依靠物质资源消耗向主要依靠科技进步、劳动者素质的提高、管理创新的转变。多年来的实践告诉我们，经济转型和发展方式转变是一个困难重重的过程，靠理论宣传、完善政策法律法规等效果不大，应主要靠深化改革，形成激励经济转型和发展方式转变的体制机制。这里包括：坚持和完善基本经济制度，形成全国统一开放、竞争有序的现代市场体系，主要由市场机制配置资源，资源和生产要素价格要真实反映市场供求关系、资源稀缺程度、环境和生态损害成本，加快转变政府职能，深化财政金融体制改革，各个市场主体竞相通过创新驱动增强活力和竞争力，发展成果由人民公平共享等。一句话，必须积极稳妥地从广度和深度上继续深化市场化改革，力争到2020年建成完善的社会主义市场经济体制。

以经济体制改革为重点，还体现在经济体制改革对其他改革的牵引作用上。经济体制改革的深化，社会主义市场经济的发展，要求上层建筑与之相适应。市场化改革的推进，要求市场经济的法治化，从而带动民主法治等政治体制改革。社会主义市场经济的快速发展，带动了社会主义文化的大繁荣大发展，文化体制改革发展方兴未艾。经济体制改革的深化，直接带动劳动就业、收入分配、社会保障、医疗健康等领域改革的深化，并要求进一步推进科技、教育改革与之相适应，要求建立健全的生态文明体制。

另外，政治等方面的改革也在促进经济体制改革。比如，行政管理体制改革和政府职能的转换对深化经济体制改革起着至关重要的作用。经济体制改革的核心是处理好政府和市场的关系。要进一步推进市场化改革，就要紧紧抓住政府改革这个关键节点，改变政府直接配置资源过多、对微观经济活动干预太多、审批太多，而政府在提供公共服务、加强市场监管、社会管理和保护环境方面又做得很不到位等状况。政府改革和职能转换，既是经济体制改革的重要内容，又是行政管理体制改革的着力点。经济活动法治化，改进和完善社会管理，更是社会主义市场经济健康运行的重要条件。

特别需要指出的是，十八大以来，由于严格执行中央八项规定，坚持反对官僚主义、形式主义、享乐主义奢靡之风，加大反腐败斗争力度，社会风气大有好转，提高了中央权威，为深化改革创造了良好的环境和条件。所以，经济体制改革和政治、文化、社会、生态文明体制改革是相辅相成、相互促进的。以经济体制改革为重点，并不是不重视其他改革，而是为了更好地全面深化改革。

十大命题影响中国走向

既然经济体制改革是全面深化改革的重点，那么十八届三中全会《决定》关于经济体制改革的部分，有哪些可圈可点之处呢？我认为，其中至少有十个意义重大且显而易见的经济改革命题，将对中国未来走向产生深远影响。

（1）明确市场在资源配置中起决定性作用。用市场在资源配置中起决定性作用的提法，代替我们已沿用21年的市场在资源配置中起基础性作用的提法。决定性和基础性只有两字之差，但含义却有相当大的区别。决定性作用能够更加确切和鲜明地表达市场机制对资源配置的支配作用，更好地反映市场经济的基本规律即价值规律的内在要求。市场的决定性作用的提法还特别针对政府在一个时期以来严重的越位现象，如地方政府公司化倾向严重，妨碍市场对资源配置的决定性作用的发挥，进而妨碍市场主体活力的增强和整体经济效率的提高。针对这种现象，就要像《决定》那样申明："市场决定资源配置是市场经济的一般规律，健全社会主义市场经济体制必须遵循这条规律。"中国很多经济学家都反复讲过，迄今为止的中外实践表明，市场配置资源是最有效率的，市场经济就是由市场配置资源的经济，但是市场对资源配置起决定性作用却是十八届三中全会第一次提出来的，说明在此问题上已经走在了理论界前面。

其中要探讨的是，在市场起决定性作用下中央政府和地方政府职能如何转换的问题。既然做这种变更是为了进一步强调市场在资源配置中的作用，进一步从广度和深度上推进市场化改革（着力解决政府对资源的直接配置过多、对微观经济活动干预过多和审批过多；政府对市场监管不到位、影响公平竞争环境的形成和健全；政府公共服务和社会管理不到位或缺位，远不能满足老百姓的需求；政府没有很好地依法打破各种形式的行政垄断甚至采取一些歧视性政策，妨碍非公有制经济的发展等问题），这就要求政府转型，从越位领域退出，填补和做好原来缺位和不到位的工作，实现政府职能的转换。具体来说，《决定》指出要“加强中央政府宏观调控职责和能力，加强地方政府公共服务、市场监管、社会管理、环境保护等职责”，可见，要落实市场在资源配置中起决定性作用，关键要推进政府改革，划清政府和市场的边界。政府要从多年来介入过深的经济活动中逐步退出，大幅度减少政府对资源的直接配置，最大限度地减少中央政府对微观事务的管理，市场机制能有效调节的经济活动，一律取消审批，对保留的行政审批事项要规范管理，提高效率。同时加强服务职能，即从全能型政府转变为有限型政府、服务型政府、法治型政府。这会触及一些政府官员的利益，需要中央强有力的推动才能迈步，同时也要不断研究和总结改革实践经验，寻找和推广好的做法和经验，以便更好地发挥政府作用。

（2）重申积极发展混合所有制经济。中国经过三十多年的改革开放，伴随着经济的高速增长，国有资本、集体资本、非公有资本都呈现几十倍上百倍的增长，居民储蓄存款也大量增加。到2013年8月，居民储蓄余额已达43万亿元，其中定期存款超过27万亿元。在这种情况下，积极发展混合所有制经济，能更好地充分动员各种资本，打破所有制界限，发挥各自优势，共同为发展社会主义市场经济出力；能够让民间资本更好地参加国有企业公司制股份制改革，健全公司法人治理结构，提高市场竞争力；允许混合所有制经济实行企业员工持股，形成资本所有者和劳动者利益共同体。统计资料表明，混合所有制企业的经济效益高于国有企业，因此，国有企业要尽可能引进非国有的战略投资者。明确混合所有制是基本经济制度的重要实现形式，发展混合所有制经济，也有利于民间资本与国有资本同等使用生产要素和同等受益。

可以说，混合所有制经济是股份制经济的升级版。股份制经济不一定是混合所有制经济，如一些发达国家的股份公司一般是私人资本的集合而不是不同所有制资本的集合，但混合所有制经济肯定是股份制经济。发展混合所有制经济，为深化国有企业改革进一步指明了方向。有数据表明，混合所有制经济比国有经济资产营运效率高、创新能力强。混合所有制经济既可以由国有资本控股，也可以由非公有资本控股。可以想象，随着经济发展和改革深化，产权多元、自主经营、治理规范的混合所有制经济，将会有长足的发展，成为社会主义市场经济的主要微观主体。因此，今后需要加强对混合所有制经济的研究，包括如何完善法规、政策，健全治理结构，真正做到在一个经济单位内部各类资本都能实现同等产权保护、同等使用生产要素、同等受益，从而促进混合所有制经济健康发展。

（3）国有资产监管机构从以管企业为主向以管资本为主转变。也就是只当老板，不当婆婆。《决定》提出：“完善国有资产管理体制，以管资本为主加强国有资产监管，改革国有资本授权经营体制，组建若干国有资本运营公司，支持有条件的国有企业改组为国有资本投资公司。”这是国有资产监管机构职能的重大转变。过去国资委主要是管国有企业，既当老板又当婆婆，今后要求以管资本为主，也就意味着国资委主要管国有资本的配置。所以要求组建国有资本运营公司和投资公司，主要运作国有资本，同时借鉴国内外许多资本运营公司和投资公司的做法和经验，比如新加坡的淡马锡公司和中国汇金公司的资本运营和投资控股等做法，结合实际，认真研究探索最佳模式。同时还明确指出，国有资本投资运营要服务于国家战略目标，其重点是提供公共服务、发展重要的前瞻性战略性产业、保护生态环境、支持科技进步、保障国家安全。国资委今后以管资本为主，将更好地促进混合所有制经济的发展。

这意味着，国有企业和国有资产管理体制改革进入一个新的阶段。看来，今后需要很好地界定国有资本的职能。《决定》还要求，完善国有资本经营预算制度，提高国有资本收益上缴公共财政比例，2020 年提高到 30%，更多用于保障和改善民生。这是受到广大人民群众欢迎的举措，同时也是一个相当高的要求，如何逐步落实，也要很好地研究。过去有关部门把一些原本应记入成本的项目，如下岗职工补助、企业办大集体员工工资补贴等，也列到利润中，然后从企业上缴利润中支付上述费用，造成利润虚增，今后需要提高财务报表的真实性和准确性。如何提高企业财务报表的真实性和透明度，很值得我们认真研究。

（4）对个体私营等非公有制经济的地位和作用更加肯定。《决定》第一次明确指出，公有制经济和非公有制经济都是社会主义市场经济的重要组成部分，都是中国经济社会发展的重要基础。同时提出，公有制经济财产权不可侵犯，非公有制经济财产权同样不可侵犯。鼓励发展非公有资本控股的混合所有制企业；在加强监管的前提下，允许具备条件的民间资本依法发起成立中小型银行等金融机构。

（5）强调建设统一开放、竞争有序的市场体系。这是使市场在资源配置中起决定性作用的基础。建立和健全现代市场体系，是推动资源配置依据市场规则、市场价格、市场竞争实现效益最大化和效率最优化的根本前提。为此，要建立公平、开放、透明的市场规则，推进水、石油、天然气、电力、交通、电信等领域的价格改革，完善主要由市场决定价格的机制，实行统一的市场监管，清理和废除妨碍全国统一市场和公平竞争的各种规定和做法，严禁和惩处各类违法实行优惠政策的行为，反对地方保护，反对垄断和不正当竞争，建立健全社会征信体系等。

（6）探索和实行负面清单的管理模式。首次提出实行统一的市场准入制度，在制定负面清单的基础上，各类市场主体可依法平等进入清单之外的领域。探索对外商投资实行准入制度前国民待遇加负面清单的管理模式。按照这一制度，各类市场主体可依法平等进入清单之外的领域，也就是“非禁即入”，是投资准入和市场监管的重大改革。这意味着将实现由“严进宽管”的审批制度向“宽进严管”的备案制度的转变，市场监管由事前监管为主转向事中和事后监管为主。这是中国向加快现代市场体系建设迈出的实质性步伐。实行负面清单制度，是市场经济国家的通行做法，可以提高市场监管的透明度和法治化水平，较好解决对非公有制经济的歧视性问题，对营造公平竞争市场环境至关重要。现在中国（上海）自由贸易试验区正在进行试验，取得经验后可逐步在全国推广。当然，在开头，负面清单的单子会比较长，需要研究的是单子如何切合中国实际，如何随着经济发展、改革深化逐渐缩减，如何借鉴国外一些成功做法和经验为我所用等。

（7）加快房地产税立法并适时推进改革。2003 年十六届三中全会通过的《中共中央关于完善社会主义市场经济体制若干问题的决定》已提出开征房地产税，但是一直没有付诸实施，只是两三年前在上海和重庆两市进行试点。现在明确要求加快房地产税立法并适时推进改革，意味着要真抓实干了。房地产税是一般市场经济国家都实行的，是地方税的主要税种，并且对抑制房地产的投机和投资需求有重要作用，大量实践经验证明这是促进房地产市场健康运行的良策。我们要加快房地产税立法，并适时开征，逐步使房地产税成为地方税的一个主要税种。

这个问题引申开来，就是一个如何完善地方税体系的问题。中国目前地方税税种少，税收少得可怜，有的地区 80％的政府支出靠中央财政的转移支付，这在一定程度上刺激地方政府拼资源、拼环境并违规实行优惠电价、地价，从而导致高耗能、高污染行业和产能过剩行业的发展，以便得到更多的增值税分成，形成恶意竞争和加重产能过剩。完善中央财政转移支付制度、构建和完善地方税体系，成为加快转变经济发展方式和调整经济结构的当务之急。发达的市场经济国家的地方税有两个主要税种：一为房地产税，二为消费税（价外税）。我认为中国将来也许要参考这种税制。《决定》提出：加快房地产税立法并适时推进改革；调整消费税征收范围、环节、税率，把高耗能、高污染产品及部分高档消费品纳入征收范围。这是非常重要的改革举措。我们要认真研究在中国如何开征房地产税的问题，立好法，适时开征，并要考虑好如何逐步完善，使其逐渐成为地方税的一个主要税种。消费税的问题也要认真研究，包括研究如何使消费税逐渐成为覆盖全部消费品的价外税，成为地方税的另一个主要税种，与此同时要适当降低增值税税率，比如降低三四个百分点，以支持开征作为价外税的消费税，尽量使消费者不至于加重负担。这也是一个很复杂的问题，有待各方认真研究，提出可行方案。

（8）允许地方政府通过发债等多种方式扩宽城市建设融资渠道。同时，允许社会资本通过特许经营等方式参与城市基础设施投资和运营，研究建立城市基础设施、住宅政策性金融机构。这对建立透明规范的城市建设投融资机制非常重要。中国地方政府债务这几年无序扩张，根据国家审计署 2013 年 12 月 30 日公布的关于地方政府债务的审计结果，地方政府债务的规模已从 2011 年年底的 10.7 万亿元增加到 2013 年 6 月底的 17.9 万亿元，相当于 GDP 的 33%，各方面都认为风险很大，急需规范和约束。《决定》提出的措施，正是规范和约束地方债务的重大举措，也有利于城市基础设施建设的健康发展。

（9）加快自由贸易区建设。这标志着中国对外开放又进入一个新的起点。建立中国（上海）自由贸易试验区是新形势下推进改革开放的重大举措，要切实建设好、管理好，为全面深化改革和扩大开放探索新途径、积累新经验。在推进现有试点的基础上，选择若干具备条件的地方发展自由贸易园（港）区。现在，中国（上海）自由贸易试验区已试行负面清单制度，金融领域和其他现代服务业的开放力度也不小，正在积累经验的过程中。

（10）保障改革扎实推进、落到实处。全面部署的60项改革、336项改革举措，关键在于落实。首先要坚决实施，不能说了不做，当作官样文章放在一旁。尽管知易行难，也要迎难而上，勇往直前。同时要列出具体时间表，分步落实，不能一拥而上。要注意防止有的部门和地方不是严格依据中央要求推进改革，而是从本部门和地方利益出发自行其是，使改革变样，阻碍改革的顺利推进。也不能完全按先易后难的次序推进改革，把难题留到最后。《决定》说得很清楚，“到2020年，在重要领域和关键环节改革上取得决定性成果，完成本决定提出的改革任务，形成系统完备、科学规范、运行有效的制度体系，使各方面制度更加成熟更加定型。”所以，认真研究怎样分步落实全部改革举措也是很重要的。中央全面深化改革领导小组负责改革总体设计、统筹协调、整体推进、督促落实，这是使各项改革落到实处的最重要的组织保证。

一般预计，按照十八届三中全会以来中国加快全面深化改革的势头，中国有希望到2020年建成比较完善的社会主义市场经济体制，基本完成从传统的计划经济体制向社会主义市场经济体制的根本性转变。

原载《中国经济报告》，2014（11）

全面深化改革是渐进改革的必然结果

张卓元

1978 年年底，党的十一届三中全会决定，党的工作重心转移到社会主义现代化建设上来，实行改革开放。从那时起，中国实行渐进式改革，摸着石头过河，从农村改革起步，到 2012 年党的十八大后发展为全面深化改革，为中国经济起飞和经济社会科学发展不断提供强大动力。

一、提出全面深化改革是三十多年渐进式改革逻辑的必然结果

中国三十多年改革的成功经验表明，渐进式改革的显著特点是先着重推进经济改革，以振兴经济，为改变国家贫穷落后面貌并逐步迈向工业化和现代化提供坚实的物质基础。这也是为了更好地落实十一届三中全会关于把党的工作重心转移到社会主义现代化建设的根本方针。采取渐进式改革，不搞快速转轨、一步到位，可以减轻社

会震荡，在保持社会稳定的前提下调整经济关系和上层建筑的一些环节，以适应社会生产力的发展，稳步前进。这一点对拥有上十亿人口、仍然处于贫穷落后状态的中国来说更为重要。因为经济比较落后，人均收入水平比较低，社会的抗震荡能力也就比较低。改革为什么从农村起步？就是因为20世纪70年代末中国物资供应特别是农产品供应紧张，主要农产品凭票供应，许多农民吃饱穿暖的问题还没有很好解决，农民要求改变“一大二公”传统体制的要求特别迫切。农村实行家庭联产承包责任制以及接着逐步放开农产品价格后，农民开始有了生产经营的自主权，大大解放了社会生产力，农业生产迅速增长。1978—1985年，农林牧渔业总产值年均增长率达7.1%，大大高于一般年均2%～3%的增速。

市场化改革的初步成果增强了广大干部和群众改革的信心和期望，增强了商品意识和等价交换的意识。1984年，党的十二届三中全会作出了《中共中央关于经济体制改革的决定》，确认社会主义经济是公有制基础上的有计划的商品经济，提出进一步贯彻执行对内搞活经济、对外实行开放的方针，加快以城市为重点的整个经济体制改革的步伐，还提出全面开展经济体制改革的中心环节是增强企业活力。从此，中国经济改革进入以城市为重点的全面开展经济体制改革的阶段。商品经济离市场经济从理论和实践上说仅一步之遥，确认社会主义经济是商品经济，就为市场化改革打开了一扇大门。需要指出，中国在体制内对公有制经济特别是国有经济进行改革、引入市场机制的同时，在体制外允许和鼓励个体私营等非公有制经济发展，非公有制经济逐渐成为中国经济迅速崛起的一支重要生力军。这是公认的中国渐进式经济体制改革的一个成功案例。

市场化改革的推进和随之而来的经济的快速增长及市场的日趋繁荣，使市场化改革日益深入人心。1992年，在邓小平关于计划不等于社会主义、市场不等于资本主义、计划和市场都是经济手段的思想指引下，党的十四大确立了社会主义市场经济体制的改革目标。从此中国开创了在一个大国把社会主义和市场经济相结合的伟大征程。中国经济迅速起飞，社会各项事业全面发展。到20世纪末中国已初步建立起社会主义市场经济体制，开始实现了从计划经济体制向社会主义市场经济体制的转型。

2001年年底，中国加入世贸组织，对外开放进入了崭新的阶段，中国经济加快融入全球化的进程。加入世贸组织扩大对外开放，不仅大大促进了外向型经济的发展，目前我国已成为世界第一外贸大国，而且有力地推动了市场化改革的深化，使我国各项经济活动必须遵循市场经济一般规则行事。

进入新世纪后，随着社会主义市场经济体制的逐步完善和经济的持续高速增长，除经济体制改革外，政治、文化、社会、生态文明体制的改革也日显重要和迫切。2012年，党的十八大顺势提出全面深化改革的任务，2013年党的十八届三中全会落实十八大精神，进一步提出全面推进经济、政治、文化、社会和生态文明体制“五位一体”的改革任务。这标志着中国的改革开放进入了一个崭新的阶段。首先，改革的目标更高、更全面。过去主要提经济体制改革目标即建立和完善社会主义市场经济体制，政治、文化、社会等体制改革主要围绕建立和完善社会主义市场经济体制而展开，而党的十八届三中全会《决定》确定全面深化改革的总目标是完善和发展中国特色社会主义制度，推进国家治理体系和治理能力现代化。其次，全面深化改革是经济、政治、文化、社会和生态文明体制“五位一体”的改革，虽然经济体制改革是全面深化改革的重点，但现在更强调全面推进“五位一体”的改革。再次，提出全面深化改革是经济体制改革深化的逻辑必然结果。实际上，中国的经济体制改革从一开始就不是单兵突进的，在经济体制改革过程中，为配合和适应经济体制改革，一直在逐步推进政治、文化、社会和生态文明体制改革并取得明显成效。每次党代表大会的报告除了着重论述经济体制改革外，都会分别论述政治、文化、社会等方面的改革。1997 年党的十五大报告就提出了依法治国的方略，2004 年党的十六届四中全会专门作出了关于加强党的执政能力建设的决定，2005 年党的十六届五中全会建议就提出了加快行政管理体制改革，是全面深化改革和提高对外开放水平的关键。党的十八大报告还提出要建设资源节约型和环境友好型社会。2011 年，党的十七届六中全会通过了《中共中央关于深化文化体制改革推动社会主义文化大发展大繁荣若干重大问题的决定》。2007 年，党的十七大报告第一次把加快推进以改善民生为重点的社会建设独立为一个大部分，同经济、政治、文化建设并列，而党的十八大报告又进一步把大力推进生态文明建设独立设一部分，形成经济、政治、文化、社会和生态文明体制“五位一体”的总体改革布局。

二、发展要求改革，改革推动发展

历史唯物主义告诉我们，社会发展主要依靠生产力的发展，要按照发展社会生产力的要求，调整和变革经济基础和上层建筑包括经济等管理体制。因此，我们推进改革的目的，是为了解放和发展社会生产力，促进经济增长和社会进步，提高人民的生活水平与质量。一方面，改革是在经济社会碰到严重困难或者受到严重瓶颈制约时人们寻找出路的重要抉择，比如 20 世纪 70 年代后期由于“文化大革命”使我国国民经济濒临崩溃，改革成为中国经济社会摆脱困境的关键抉择。又如此前三四年，由于经过改革开放三十多年经济社会的飞速发展，积累了不少矛盾和问题，加上 2008 年国际金融危机的影响，经济社会的可持续发展受到严重挑战，为了更好地到2020年全面建成小康社会，跳出“中等收入陷阱”，顺利进入高收入国家行列并走向现代化，2012年党的十八大提出了全面深化改革的任务，以便继续释放改革红利，找到新的经济社会发展的动力源泉。另一方面，改革由于能够扫除妨碍经济社会发展的体制弊端，从而能有力地推动经济社会发展。中国改革开放后经济的飞速增长充分说明了这一点。1978—2014年，中国GDP年均增长近10%，即使是在国际金融危机后的2012、2013、2014年，GDP的增速也在7%以上。由于经济的长期高速增长，20世纪末，中国已初步建立小康社会，实现了从卖方市场到买方市场的重要转变。自2010年起，中国已超越日本成为世界第二大经济体。2014年，中国人均GDP已超过7 000美元，进入中上等收入国家行列。目前，中国已成为对世界经济增长贡献最大的国家。中国经济的崛起，使中国从贫穷落后的弱国一跃成为在全世界各方面有重要影响的大国，让全世界人民都赞叹不已，被称为“中国的奇迹”。

改革能解放生产力，促进经济增长，这是改革开放三十多年来大家的深切感受。20世纪80年代，中国逐步放开农产品、小商品、工业消费品和工业生产资料的价格，结果是，放到哪里就活到哪里，一种商品特别是供给弹性大的商品价格一旦放开，虽然起初价格会有所上涨，但随后不久商品供应就会增加并使价格逐步稳定下来，有的还会有所回落。这就是市场机制的魔力。中国由于逐步改革价格形成机制，由政府定价改为市场定价，各种各样的商品都像泉水般涌流出来。到20世纪90年代后期，困扰了我们几十年的商品供应紧张、凭票供应、排队抢购等现象一扫而空，代之而出现的是商品供应丰富多彩、市场一片繁荣景象，老百姓普遍感到生活方便和满意。又如，近年来由于推进工商注册制度便利化改革，由先证后照改为先照后证，把注册资本实缴制逐步改为认缴登记制，大大改善了创业环境，调动了大家创业的积极性。商事制度改革以来，2014 年 3 月至 2015 年 1 月，全国新登记注册市场主体1 262.9万户，同比增长 16.6%，注册资本（金）20.74 万亿元，增长 86.53%。平均每天新登记注册企业 1.06 万户（见《人民日报》，2015－02－14）。

当前，中国经济开始进入与过去年均两位数增长但付出的资源环境代价过大不同的新常态。新常态的主要特点，正如习近平总书记 2014 年 11 月 9 日在亚太经合组织工商领导人峰会演讲时所说的，“一是从高速增长转为中高速增长。二是经济结构不断优化升级，第三产业、消费需求逐步成为主体，城乡区域差距逐步缩小，居民收入占比上升，发展成果惠及更广大民众。三是从要素驱动、投资驱动转向创新驱动。”这一表述比前一段时间流行的中国经济进入“三期叠加”（即增长速度换挡期、结构调整阵痛期、前期刺激政策消化期）阶段的表述更为准确。新常态的三个主要特点中第一、二点同“三期叠加”中前两期是基本相同的，而第三点则表明中国进入经济转型和发展方式转变时期，这是具有实质性意义的、决定新常态能不能真正摆脱旧的已经走到尽头的增长方式的关键所在。而中国经济要很好地进入新常态，顺利实现速度换挡、结构调整、经济转型，关键是要深化改革，要靠改革为稳增长促转型提供不竭的动力，用改革红利来填补这几年逐渐消失的人口等红利。

随着改革开放后经济的高速增长，要求加快完善和发展中国特色社会主义各项制度，推进国家和社会治理体系现代化，包括更好地实行依法治国，促进文化大发展大繁荣，提高国家软实力，加快以改善民生为重点的社会建设，推进资源节约型和环境友好型社会建设等，也要求更好地在深化经济改革的同时，深化政治、文化、社会和生态文明体制改革，实行“五位一体”的改革，继续推进中国特色社会主义建设事业顺利发展。

三、扎实推进全面深化改革

全面深化改革是改革的攻坚战，不仅要统一思想，使大家充分认识到重新启动各方面改革的重要性、紧迫性；要有好的顶层设计，党的十八届三中全会提出的60项改革、336项改革举措就是一个很好的顶层设计；而且要克服既得利益群体的阻挠和干扰。为了更好地冲破思想观念的束缚、突破利益固化的藩篱，中央全面深化改革领导小组强有力的领导和推动是非常重要和必不可少的。全面深化改革还要选择好着力点和突破口，我认为，目前，应着力推进政府改革或政府职能转变改革，因为要使市场在资源配置中起决定性作用和更好发挥政府作用，首先要解决政府对社会经济活动干预过多和监管不到位问题，深化国企改革、财税改革、金融改革、收入分配改革、教育改革等等，也有待于政府改革的深化和到位。

经济体制改革是全面深化改革的重点。为什么全面深化改革要以经济体制改革为重点？我以为，最重要的是我国在今后相当长一段时间内，仍应坚持以经济建设为中心，大力打牢中国特色社会主义的物质基础。今后无论是全面建成惠及全国14亿人口的小康社会、避开“中等收入陷阱”进入高收入国家行列，还是到中华人民共和国成立100周年时实现中华民族的伟大复兴、基本实现现代化成为发达国家，都要求我们奋力推进社会主义现代化建设。因此，需要着力完善社会主义市场经济体制，不断破除各种各样的体制障碍，进一步解放和发展社会生产力，激发各种社会活力和企业活力，使改革开放以来经济快速发展的势头能够更好地持续下去。我们要清醒地看到，改革开放后我国经济虽然经过三十几年的高速增长，但至今还是发展中国家，仍然处于而且将长期处于社会主义初级阶段，人均 GDP 仍然远低于世界平均水平（目前世界人均 GDP 在 1 万美元以上，而我国 2014 年人均 GDP 只有 7 000 多美元）。按照有关标准，我国还有 2 亿左右的贫困人口（见《人民日报》，2015－01－21）。即使按照我国年人均收入 2 300 元（2010 年不变价格）的农村扶贫标准计算，2014 年农村贫困人口仍然有 7 017 万人。我国工业化、城市化的任务还很重。我们要到 2020 年全面建成小康社会的首要目标就是实现国内生产总值和城乡居民人均收入比 2010 年翻一番。这就要求我们继续以经济建设为中心，一心一意谋发展，实现经济持续健康增长，对此不应有任何动摇。经济是基础，物质财富的增加是社会进步的基础。全面建成小康社会，首先要使经济转型和再上一个台阶，物质财富大幅增长，在此基础上，实现社会全面进步和转型。

党的十八届三中全会《决定》指出，“紧紧围绕使市场在资源配置中起决定性作用深化经济体制改革，坚持和完善基本经济制度，加快完善现代市场体系、宏观调控体系、开放型经济体系，加快转变经济发展方式，加快建设创新型国家，推动经济更有效率、更加公平、更可持续发展。”

党的十八届三中全会《决定》关于经济体制改革部分有许多新的提法和亮点，对深化改革意义重大，正在有力地推动改革攻坚克难。第一，用市场在资源配置中起决定性作用的提法，代替已沿用了 21 年的基础性作用的提法。“决定性”和“基础性”只有两字之差，但含义却有相当大的区别。决定性作用能够更加确切和鲜明地表达市场机制对资源配置的支配作用，更好地反映市场经济的基本规律即价值规律的内在要求。特别是由于政府在一个时期以来越位现象严重，地方政府日渐公司化，从而妨碍市场主体活力的增强和整体经济效率的提高，因此，健全社会主义市场经济体制必须遵循市场决定资源配置这个市场经济的一般规律。

目前，从中央政府到地方政府都在逐步减少不必要的审批，减少对微观经济活动的干预，凡是市场能够做好且有效率的活动，都放手让给市场，不断增强市场主体的活力。

第二，明确混合所有制是基本经济制度的重要实现形式，要积极发展混合所有制经济。中国经过三十多年的改革开放，在国有等公有制经济和资本发展壮大的同时，个体私营外资经济和民间资本也迅速发展起来。据财政部材料，2013 年年末国有企业所有者权益 37 万亿元。2012 年私营企业注册资本 31 万亿元，外商投资企业注册资本 15 万亿元。2014 年居民储蓄存款近 50 万亿元，其中有相当一部分可以转化为投资。积极发展混合所有制经济，就是为了进一步完善基本经济制度，更好发挥各种所有制资本的优势，取长补短，提高运营效率，更好地促进经济增长。央企中石化 2014 年把油品等销售板块拿出 29.99%的股权，作价 1 071 亿元出售，经过竞拍，有 25 家境内外投资者购买，其中民营企业 11 家，投资总额 382.9 亿元，占 35.8%，国有资本如中国人寿等也买了不少，也有外资参股（见《第一财经日报》，2014－09－15）。这也为国有垄断企业放开竞争性业务、推进混合所有制改革开了一个好头。

第三，国有资产监管机构以管资本为主，只当“老板”，不当“婆婆”。按照党的十八届三中全会《决定》的精神，今后各级国资委将主要致力于国有资本的优化配置，逐步增强国有资本的流动性，更好服务于国家战略目标。可以想象，国务院国资委将不再用主要精力去管 110 多家中央企业，包括选择经理层，每年给他们评级打分，决定企业管理人员的薪酬和工资总额，以及决定企业的投资和并购重组等，而是集中精力管好为数不多的国有资本投资公司和运营公司，由它们向控股参股公司派出股东代表和董事。公司的重大决策由董事会作出，由市场化选聘的职业经理人进行经营管理，在市场上平等竞争，优胜劣汰。党的十八届三中全会《决定》指出，“国有资本投资运营要服务于国家战略目标，更多投向关系国家安全、国民经济命脉的重要行业和关键领域，重点提供公共服务、发展重要前瞻性战略性产业、保护生态环境、支持科技进步、保障国家安全。”《决定》又说，“国有资本加大对公益性企业的投入，在提供公共服务方面作出更大贡献。”这就为今后国资委如何优化配置国有资本指明了方向。目前我国国有资本有专家估计80%集中在竞争性行业，这个比例太高了，其中有不少集中在一般竞争性行业，如房地产业（不包括保障房），今后要按照《决定》提出的提供公共服务等五个重点领域进行有进有退的调整，争取80%以上的国有资本集中在上述五个重点领域。与此同时，近期正在着手推进国有企业负责人薪酬制度改革。

第四，要更好地发挥个体私营等非公有制经济在发展社会主义市场经济中的作用。经过三十多年改革开放，中国个体私营等非公有制经济有了巨大的发展。目前，个体私营等非公有制经济对GDP的贡献已超过60%，对国家税收的贡献已超过70%，对就业岗位的贡献已超过80%，占投资的比重超过60%，对促进经济增长、增加就业岗位、活跃经济生活、满足人民群众多方面需要起着不可替代的作用。党的十八届三中全会《决定》对如何进一步鼓励和引导个体私营等非公有制经济健康发展有不少新的论述和部署，指出公有制经济和非公有制经济都是社会主义市场经济的重要组成部分，都是我国经济社会发展的重要基础。公有制经济财产权不可侵犯，非公有制经济财产权同样不可侵犯。坚持权利平等、机会平等、规则平等，废除对非公有制经济各种形式的不合理规定，消除各种隐性壁垒，制定非公有制企业进入特许经营领域的具体办法。鼓励非公有制企业参与国有企业改革，鼓励发展非公有资本控股的混合所有制企业。如此等等。在《决定》的指引下，我国个体私营等非公有制经济近年来有许多新的发展。

第五，加快完善现代市场体系，使市场在资源配置中更好发挥决定性作用。目前我国还存在不同程度的市场封锁和垄断，对价格管制过多，违法实行优惠政策，妨碍公平竞争等。党的十八届三中全会《决定》针对上述问题，提出实行统一的市场准入制度，在制定负面清单的基础上，各类市场主体可依法平等进入清单之外的领域。建立公平、开放、透明的市场规则，推进水、石油、天然气、电力、交通、电信等领域的价格改革，完善主要由市场决定价格的机制，实行统一的市场监管，清理和废除妨碍全国统一市场和公平竞争的各种规定和做法，严禁和惩处各类违法实行优惠政策行为，反对地方保护，反对垄断和不正当竞争，以及建立健全社会征信体系等。以上改革正在加紧推进。中国（上海）自由贸易试验区已于 2013 年 9 月 29 日正式挂牌。当天，由 190 条管理措施构成的 2013 年版负面清单对外公布。这是中国实行的首个负面清单。2014 年版负面清单大幅度减少到 139 条，减少了 26.8% [见《领导决策信息》，2014（38）]。

第六，深化财税改革。党的十八届三中全会《决定》对财税改革特别重视，指出财政是国家治理的基础和重要支柱，科学的财税体制是优化资源配置、维护市场统一、促进社会公平、实现国家长治久安的制度保障。《决定》提出了三个方面的改革重点：一是改进预算管理制度。实施全面规范、公开透明的预算制度。审核预算的重点由平衡状态、赤字规模向支出预算和政策扩展。建立跨年度预算平衡机制，建立权责发生制的政府综合财务报告制度，建立规范合理的中央和地方政府债务管理及风险预警机制。清理、整合、规范专项转移支付项目，逐步取消竞争性领域专项和地方资金配套，严格控制引导类、救济类、应急类专项，对保留专项进行甄别，属地方事务划入一般性转移支付。二是完善税收制度。深化税收制度改革，完善地方税体系，逐步提高直接税比重。逐步建立综合与分类相结合的个人所得税制。加快房地产税立法并适时推进改革，加快资源税改革，推动环境保护费改税。三是建立事权和支出责任相适应的制度。中央和地方按照事权划分相应承担和分担支出责任。保持现有中央和地方财力格局总体稳定，结合税制改革，考虑税种属性，进一步理顺中央和地方收入划分。如此等等。2014 年 6 月 6 日，中央全面深化改革领导小组第三次会议审议了《深化财税体制改革总体方案》，建议根据会议讨论情况进一步修改完善后按程序报批实施（见《人民日报》，2014－06－07)。目前正在逐步落实中。

除以上各项外，党的十八届三中全会《决定》对金融改革、收入分配制度改革、健全城乡发展一体化体制机制、构建开放型经济新体制等，也作出了重要部署。

特别值得称道的是，党的十八届三中全会决定成立中央全面深化改革领导小组，负责改革总体设计、统筹协调、整体推进、督促落实。从《决定》通过到 2015 年 2 月的一年三个多月时间里，中央全面深化改革领导小组已经举行了十次会议，每次会议都是由中央全面深化改革领导小组组长习近平总书记亲自主持，对各项改革作出了一系列的具体部署，强力推进各项改革。在被视为“全面深化改革元年”的 2014 年，改革呈现加快推进之势，中央全面深化改革领导小组确定的 80 个重点改革任务基本完成，中央有关部门还完成了 108 个改革任务，共出台 370 项改革举措等，数量之多、频率之高、力度之大，前所未有（见《人民日报》，2015－02－27)。中央政府带头推进审批制度改革，在 2013 年取消和下放 416 项行政审批事项的基础上，2014 年又分三批取消和下放行政审批事项 247 项（见《经济日报》，2015－02－28)。

全面深化改革不限于经济改革，2014 年基本完成的 80 个重点改革任务也不限于经济领域的改革。2014 年 10 月，党的十八届四中全会作出了《全面推进依法治国若干重大问题的决定》，共提出了 190 项改革举措。2015 年 2 月 27 日，习近平总书记主持召开的中央全面深化改革领导小组第十次会议指出，要抓紧编制党的十八届四中全会重要改革举措中长期规划，以施工图方式明确 190 项改革举措的改革路径、成果形式、时间进度（见《人民日报》，2015－02－28）。全面深化改革和全面依法治国是姊妹篇，全面深化改革需要法治保障，全面依法治国也需要深化改革。

中国现阶段仍然处于工业化、信息化、新型城镇化和农业现代化相互促进时期，发展潜力巨大。我们坚信，在全面深化改革的推动下，中国将在创新驱动下不断提高经济活动的质量和效益，使今后十年八年保持 7%左右的中高速增长。与此同时，中国特色社会主义的各项制度逐步成熟和定型，人民群众将更好、更切实地享受到经济社会发展的成果！

原载人民日报社理论部编：《中国经济为什么行》，北京，人民出版社，2015；《人民日报》2015 年 3 月 26 日摘登

继续推进重点领域价格改革攻坚的指针

张卓元

党的十八届三中全会《决定》提出紧紧围绕使市场在资源配置中起决定性作用深化经济体制改革时，要求完善主要由市场决定价格的机制（《决定》第10条）。这次由中央全面深化改革领导小组审议通过的《关于推进价格机制改革的若干意见》（以下简称《若干意见》），就是进一步贯彻落实三中全会《决定》第10条的重要改革文件。

价格由市场决定，让各种商品和服务的价格由政府规定改为回到市场交换中形成，即放开价格，这在20世纪80年代改革开放初期即已提出并开始选择若干农副产品、小商品和工业消费品实施，结果立竿见影，成效显著，在市场机制的作用下，放到哪里活到哪里，国民经济开始活跃起来。随着放开价格的商品和服务越来越多，市场日趋繁荣，商品供应越来越丰富多彩。到20世纪90年代中后期，困扰中国几十年的商品短缺凭票排队供应的卖方市场，终于被深受老百姓欢迎的买方市场所取代。对于社会经济生活的这一巨大转变，价格改革功不可没。

与此同时，也要看到，直到2013年，中国社会主义市场价格体制还不够完善，一些重点领域和关键环节价格改革还需深化，政府定价范围还在某种程度上有些越位，政府定价制度需要进一步健全，生产要素价格的市场化程度有待提高，市场主体的价格行为有待进一步规范。这些都影响资源配置效率的提高，影响经济更好地进入新常态，影响中高速增长的实现。所以党的十八届三中全会《决定》提出了完善主要由市场决定价格机制的任务。针对上述问题，近年来，党和政府按照党的十八届三中全会《决定》的要求，从多方面推进价格改革，特别是大力推进重点领域市场化价格改革。综合各方面报道可以看到，首先，大批商品和服务价格陆续放开，中央政府管理的近60项商品和服务价格已放开或下放，全部农产品、绝大多数药品、绝大多数专业技术服务价格都已交由市场决定。中央直接定价项目仅剩约20项，比2001年减少80%左右，已实现将政府定价范围按照党的十八届三中全会确定的限定在重要公用事业、公益性服务、网络型自然垄断环节。其次，一些重要领域如电力、成品油、天然气、铁路运输等的价格市场化程度显著提高，输配电价格改革试点已由深圳电网扩大到其他六个省域电网，跨区跨省输电价格全部放开，燃煤发电上网电价、工商业销售电价大幅下调；成品油销售价格已基本上实现市场化，上海石油天然气交易中心已正式启动，成为促进石油天然气市场化改革的重要抓手；非居民用天然气存量气与增量气价格顺利并轨，40%的天然气价格已经放开；铁路货运价格基本理顺，并建立了上下浮动的灵活调整机制。再次，居民阶梯价格制度逐步推开，阶梯气价在13个省份的50个城市实施，阶梯水价在26个省份的275个城市实施，阶梯电价除了新疆和西藏以外，其他地方全部建立。最后，地方价格改革同步加速，平均减少定价项目50%以上，上海、北京等11个省市已经完成地方定价目录的修订。此外，要素市场化改革也快速推进，比如利率市场化改革接近完成。可以看出，近年来价格改革力度之大、范围之广、程度之深，已是多年未见，称得上是一场真正的改革攻坚战。

这次出台的《若干意见》，是在认真总结近年来价格改革攻坚战取得的显著成效和积累的丰富经验的基础上，对全面落实党的十八届三中全会《决定》作出的进一步的部署，是下一步继续推进价格改革攻坚的指针。《若干意见》首先着重提出要深化重点领域价格改革，充分发挥市场决定价格作用，具体提出完善农产品价格形成机制，加快推进能源价格市场化，完善环境服务价格政策，理顺医疗服务价格，健全交通运输价格机制，创新公用事业和公益性服务价格管理。这几项改革，与过去的改革相比，有几个特点。一是都是硬骨头，属深层次改革。比如能源价格市场化，过去搞了很长时间，一直难见实质性进展。这次改革则明确，要按照“管住中间、放开两头”的总体思路，推进电力、天然气等能源价格改革，促进市场主体多元化竞争，稳妥处理和逐步减少交叉补贴，还能源商品属性。二是与老百姓的利益密切相关。如公用事业水、电、天然气等收费，就牵涉到老百姓的切身利益，实行阶梯价格制度，既能兼顾不同收入群体的利益和需求，又能较好地考虑成本及其变动，是一个比较好的制度，需要在各个城市加快推广实施。三是需要科学区分自然垄断行业中的自然垄断性业务和竞争性业务，前者因属市场失灵领域需实行政府定价，后者则因属市场有效领域应逐步放开价格。医疗服务则要正确区分和处理好公价和私价的关系，现在公立医院挂号费特别是专家挂号费低得离谱，不能真实反映医生的劳动贡献，不利于调动医生的积极性，也迫使医院靠卖药赚钱补贴支出，这是医疗改革中亟须破解的难题。这次改革明确公立医疗机构服务项目价格实行分类管理，对市场竞争比较充分、个性化需求比较强的医疗服务价格及时放开，由医疗机构自主确定，其中医保基金支付的服务项目由医保经办机构与医疗机构谈判合理确定支付标准。这是一种现实可行的办法。所以，在新一轮的市场化价格改革攻坚战中，虽然近年来已取得不菲的成绩，但是仍然任务艰巨，需要在《若干意见》的指导下再接再厉，继续努力。

全面深化价格改革，还要规范各市场主体的价格行为，健全政府定价制度，加强市场监管，强化反垄断执法，坚决查处各类价格违法案件，为经济社会发展营造良好的价格环境。这些都在《若干意见》中做了明确的规定。

原载《人民日报》，2015－10－19

全面深化改革　推动我们的制度更加成熟定型

张卓元　常修泽　迟福林　张占斌

记者　张　雁

全面深化改革是中国渐进式改革逻辑发展的必然结果

主持人：2013 年党的十八届三中全会提出全面深化改革的总目标，强调要进一步完善和发展中国特色社会主义制度、推进国家治理体系和治理能力现代化。十八大以来，习近平总书记多次强调增强改革的系统性、整体性、协同性，强调“正确、准确、有序、协调”推进改革。在这一思想的指导下，我们应该如何理解“全面改革”？近年来，全面深化改革取得了哪些突出成就？

张卓元：全面深化改革是中国三十多年渐进式改革逻辑发展的必然结果。首先，进入新世纪后，随着社会主义市场经济体制的逐步完善和经济的持续快速增长，除经济体制改革外，政治、文化、社会、生态文明体制的改革日显重要和迫切，中国的改革开放进入了一个崭新阶段，改革的目标更高、更全面。其次，虽然经济体制改革是全面深化改革的重点，但更强调全面推进。最后，全面深化改革是1978年从农村改革起步不断深化和发展的必然选择，是中国全面建成小康社会进而逐步建成富强、文明、民主、法治的社会主义现代化国家的必然选择。

近年来，在中央全面深化改革领导小组坚强有力的领导和推动下，改革取得了一系列新成就。我所熟悉的经济领域相关的改革就取得了不少成绩。比如，行政管理体制改革进展明显，三年多来国务院各部门共取消和下放行政审批事项600多项，占原有审批事项的36%，非行政许可审批彻底终结。再比如，农村改革继续深化，从两权分离即农村集体土地所有权和农户土地承包权的分离，发展为三权分离即农村集体土地所有权、农户土地承包权、农村土地经营权的分离，发展土地承包经营权流转市场，发展多种形式的适度规模经营。此外，商事制度改革激发了市场活力，微观市场主体快速增长，大大缓解了经济增速下行带来的就业压力。深化价格改革也取得了新进展，截至2015年年底，97%以上的商品和服务价格已由市场形成，一些重要领域如电力、成品油、天然气、铁路运输等的价格市场化程度显著提高。金融体制改革亦有新的突破，人民币利率市场化已基本实现，汇率市场化进一步提高，人民币资本项目可兑换正在逐步推进。对外开放也有新进展，随着“一带一路”倡议定位为国家战略，中国正在迈向开放型经济新时代。

迟福林：我认为全面深化改革的“全面”体现在以下方面：第一，发展阶段发生重大跨越，改革的任务凸显“全面”。我国已从以满足人自身生存需要为主要目标的生存型阶段进入到以追求人自身发展为主要目标的发展型新阶段，社会需求结构发生了重大变化。在此背景下，改革的重大任务不仅集中在经济领域，而且集中在政治、文化、社会、生态领域，任务更加全面。

第二，我国经济转型正处于关键时期，转型升级更加依赖于全面改革的突破。未来五年是我国从“中国制造”走向“中国智造”的工业转型升级、从规模城镇化走向人口城镇化的城镇化转型升级、从物质型消费走向服务型消费的消费结构转型升级的关键时期。转型直接依赖于改革的突破，这形成了全面改革的现实需求。

第三，新阶段全面改革的目标进一步明确化，即“推进国家治理体系和治理能力现代化”。相比于解放和发展生产力，这一目标更加全面，涉及的领域更多，是一场新的改革大考。考得好，我国就将走上公平可持续的发展之路。

几年来，我国在经济、社会、生态、文化、政治领域的改革不断深化，“四个全面”稳步推进。比如，在经济领域，资源要素价格改革加快推进；在社会领域，反贫困、公共服务等力度不断加大；在行政领域，简政放权取得重要进展。这些改革都为公平和可持续发展奠定了重要基础。

张占斌：全面深化改革是“四个全面”战略布局中具有突破性和先导性的关键环节，是中国共产党顺应世界发展大势主动的改革、自觉的改革，是解决中国现实问题的根本途径，是抓住和用好历史机遇、抢占未来发展制高点的必然选择。我国发展到今天，发展和改革高度融合，发展前进一步就需要改革前进一步。发展是全面的，改革就是全面的。

相比之前的改革，全面深化改革有这样几个特征：一是重视统筹。改革不是单个领域体制的调整和修补，而是各方面体制与制度的创新，是全方位的改革。二是重视系统。改革不是某个领域体制改革的单向推进，而是各领域、各层次的系统推进。三是重视集成。改革不是止步于改革体制机制，而是要着眼于制度聚合与集成，形成总体性的制度成果和制度文明。

近年来，全面深化改革取得了重大进展，改革创造出来的红利显著地弥补了不利因素带来的损失。一是在改革的整体战略布局上获得重大突破，即十八届三中全会提出的全面深化改革的指导思想、总体思路、主要任务、重大举措；二是在政府权力的约束和规范上获得重大进展；三是在市场决定资源配置方面取得重大进展。

常修泽：几位同志谈到改革的成就，我是赞同的，改革不易，改革取得成绩更为不易。我想补充说明一点：前一阶段体制改革虽然取得了进展，但是同时也存在一些困难和问题。仅就我比较熟悉的经济体制而言，根据个人的实际调查和研究可以看出，我国改革开放以来向社会主义市场经济的转变，是在曲折中展开的，有进展，亦有不足，尤其是在一些关键性的领域和环节，“攻坚”之战可以说打得比较艰苦，经济领域一些深层次的体制性“瓶颈”依然存在。例如，作为市场经济微观基础的国有经济改革尚未到位，特别是垄断性行业改革仍然较为滞后。

保持中国特色社会主义制度优势，让制度更加成熟定型，关键在于坚持改革不动摇。

主持人：中国特色社会主义制度的制度优势体现在哪里？如何维护好这一制度优势？

张卓元：我们的制度优势主要体现在能不断解放和发展社会生产力、不断提高人民群众的生活水平和质量上。中国实行改革开放以后，国民经济迅速起飞，创造了让世界震惊的经济快速发展奇迹，2010 年成为世界第二大经济体，2015 年人均 GDP 已达 8 000 美元，进入中上等收入国家行列。与此同时，各项社会事业全面发展，国际地位和影响力大幅提升。这些都充分展示了中国特色社会主义制度的优越性和生命力。沿着这条被实践证明是正确的道路走下去，我们必定能在2020年全面建成小康社会，并在中华人民共和国成立100周年基本实现现代化的宏伟目标。

中国特色社会主义制度的生命力在于能够调动和发挥广大人民群众的积极性，并把这种积极性引导到实现共同富裕目标上。就以作为中国特色社会主义制度基础的社会主义市场经济制度来说，一方面，这一制度以实现公平正义和共同富裕为目标；另一方面，这一制度发挥了市场经济促进资源优化配置和提高效率的作用。为使社会主义与市场经济有机结合，公有制着力于适应市场经济，国有企业通过股份制和混合所有制形式实现同市场经济的结合；与此同时，市场经济的发展要着重适应社会主义共同富裕目标，努力防止私有制市场经济通常会带来的贫富两极分化。这也意味着，在社会主义市场经济中，一方面要使市场在资源配置中发挥决定性作用，另一方面又要更好发挥政府调控经济的作用，两者不可偏废。

迟福林：中国特色社会主义的制度优势主要表现在：第一，更加注重全面协调发展，注重弥补结构性短板。改革开放以来政策的一个鲜明特点是“补制度短板”，哪个领域的制度不适应发展的需求，就重点改革哪个领域的制度。这个注重全面性的制度完善方式，使得制度具有可改革性和可完善性，不至于形成僵化的体制。第二，制度设计上有一个中长期规划，不回避发展面临的深层次结构性矛盾。能够提出问题并且部署结构性改革，是我们现行最突出的优势所在。第三，有一个改革的顶层协调和统筹推进机制，以实现结构性改革的突破，推进结构优化。因此，从制度角度看，我国的制度优势在于，不回避制度短板，不回避结构性矛盾，注重结构性改革，通过制度的调整和完善不断适应发展环境的变化。

要保持这个制度优势，关键在于坚持改革不动摇。一个经济体的发展，不可能不面临这样那样的挑战和问题，关键在于要有改革的决心和勇气，以问题为导向，不断改革、不断完善。只要有改革的意识，有开放的心态，有打破利益掣肘的决心和勇气，我们的制度优势就能够继续保持下去。

张占斌： 我国的制度优势，一是有利于保持党和国家的活力，调动广大人民群众的积极性、主动性和创造性；二是基本经济制度适应了现阶段生产力发展水平，有利于发挥市场在资源配置中的决定性作用和有效发挥政府作用，有利于解放和发展生产力，推动经济社会全面发展；三是有利于维护和促进社会公平正义，实现全民共同富裕；四是有利于人民当家做主，形成共识，集中力量办大事，有效应对前进道路中各种挑战和风险；五是有利于维护民族团结、社会稳定和国家统一。

中国特色社会主义制度只有通过全面深化改革，才能不断培育生长点、释放生命力、展示优越性。在新的历史条件下，要以完善中国特色社会主义制度为目标，始终坚持全面深化改革的正确方向，提高改革决策的科学性和前瞻性，明确深化改革的重点和难点，不失时机地推进重要领域和关键环节改革，推动中国特色社会主义制度的自我完善和发展。尤其要积极稳妥推进政治体制改革和创新，以保证人民当家做主为根本，以增强党和国家活力、调动人民积极性为目标，扩大社会主义民主，发展社会主义政治文明。

常修泽： 对于我们的制度优势，我认为，不应用凝滞、僵化的观点来看待，而应用运动、变革的观点来审视。社会主义社会是一个不断变革的社会，其不断变革，尽管有外在因素起作用，但就决定因素而言，是指这种制度内在的属性、内在的力量，是制度自身的一种优势。总的来看，不断改革、自我完善、自我发展，正是中国特色社会主义制度的内在优势之一。

主持人：1992 年，邓小平同志提出，“恐怕再有三十年的时间，我们才会在各方面形成一整套更加成熟、更加定型的制度”。自此，我国的经济体制改革在理论和实践上取得了重大进展。习近平总书记强调，今天，摆在我们面前的一项重大历史任务，就是推动中国特色社会主义制度更加成熟、更加定型，为党和国家事业发展、为人民幸福安康、为社会和谐稳定、为国家长治久安提供一整套更完备、更稳定、更管用的制度体系。改革进行到今天，我们已经解决了哪些问题？又面临着哪些新问题？我们离成熟定型的制度目标还有多远？

常修泽：关于邓小平同志所讲的“各方面形成一整套更加成熟、更加定型的制度”，20 多年来流行的解释大都锁定在“成熟的社会主义市场经济体制”上。但从邓小平同志紧接着说的“现在建设中国式的社会主义，经验一天比一天丰富……就是要有创造性”来看，我认为“各方面”应不仅包括经济体制，而且包括政治、社会、文化和资源环境体制。从大的历史观来观察，以十八届三中全会为标志，中国的改革进入寻求建立“各方面形成一整套更加成熟、更加定型的制度”的新阶段。新阶段的改革虽林林总总，但五个方面的改革目标是明确的，可以说都瞄准了各自的“靶心”：经济体制改革瞄准“市场经济”，政治体制改革瞄准“民主政治”，社会体制改革瞄准“和谐社会”，文化体制改革瞄准“先进文化”，生态环境制度改革瞄准“生态文明”。

迟福林：十八届三中全会对全面深化改革作出了总体部署。从改革的实际进展看，有些领域改革进展较快，并有实质性突破。仅在经济领域，我们加快推进了市场化改革，使不少领域的市场经济制度趋于成熟。但有些领域的改革滞后，甚至出现了改革“打滑、空转”的现象。当前，改革已进入深水区，改革的环境和条件发生了重大变化，改革的难度和复杂性也大大增加。比如，分税制改革后中央与地方的关系还需要进一步理顺，金融监管制度还需要加快完善，政府监管转型还亟须取得重大突破等。但这些问题都是中国转型进程中遇到的问题，要解决这些问题，关键在于坚定改革方向不动摇。这就要按照十八届五中全会的要求，树立创新、协调、绿色、开放、共享的新理念，进一步解放思想，突破利益固化的藩篱，形成共同改革的行动，创造良好的改革氛围。只要能够突破利益掣肘，未来几年实现制度定型的基本目标是很有可能的。

张占斌：我们已经解决了这样一些问题：一是非公有制经济平等参与市场竞争制度基本确立，国有企业现代公司治理结构基本建立，初步建立了现代产权制度框架；二是统筹城乡发展和新型城镇化步伐不断加快，农村土地制度进一步完善；三是全国统一市场体系基本建立；四是政府的宏观调控能力持续加强，有效提升了政府的管理服务能力；五是劳动就业体制进一步优化，医疗、教育等社会保障体系逐步完善，收入分配结构逐步优化；六是金融体制改革逐步深化，金融监管机制逐步建立起来。

未来继续推进全面改革，还面临以下问题：一是还未建立归属清晰、权责明确、保护严格、流转顺畅的现代产权制度，信用制度和法治建设步伐迟缓；二是新型城镇化的质量不高，城乡二元经济结构的体制改革进展较慢；三是市场在一些领域和行业中配置资源的决定性作用难以发挥；四是政府的职能转变和管理服务红利难以释放，简政放权、放管结合和优化服务政策的“获得感”不明显；五是收入分配差距没有显著缩小，公共服务领域政府供给不足；六是金融领域存在金融服务严重脱离实体经济、民营企业融资难和融资贵、融资模式以间接为主、多层次资本市场建设迟缓问题。

虽然面临上述困难和问题，但根据现在制度建设推进的步伐、节奏，以及邓小平同志的科学预测，我认为到2020年是能够实现中国特色社会主义制度的定型目标的。

全面深化改革是社会主义制度的自我完善和发展，必须坚持以人为本，注重改革的系统性、整体性、协同性。

主持人：根据人类社会发展的规律，成熟定型的社会制度既应该坚持一系列的基本原则，也应该是能够实现变化和改革的社会。改革开放是社会主义制度的自我完善和发展，建设成熟定型的中国特色社会主义制度，我们应该继续坚持哪些原则，并在哪些方面与时俱进？

迟福林：判断制度定型的基本原则，我认为有三条：

首先是以人为本，把人的发展放在首要位置。无论是经济发展还是社会发展，都要惠及所有人。

其次是制度要有弹性，要有可改革的空间。没有哪项制度可以一劳永逸地解决经济社会发展中的问题。不成熟的制度主要表现在制度僵化，无法改革；成熟的制度并不意味着完美无缺，而是可以根据发展的实际情况进行改革与调整。

最后是真正全面调动各方面积极性，实现激励相容。制度定型不是只强调某一方面的力量，而是要通过利益相容、激励相容，把所有的建设力量都调动起来，形成“劲往一处使”的格局。即便经济社会发展进程中遇到这样那样的矛盾与问题，这个成熟定型的制度都能够有效应对。

因此，制度成熟与定型，不是说制度完美无缺，而是制度体系能够根据经济社会发展的现实需求，推进相关的制度变革。

张占斌：我认为，首先要坚持以实践基础上的理论创新推动制度创新，坚持和完善现有制度，从实际出发及时制定一些新的制度，构建系统完备、科学规范、运行有效的制度体系。完善的制度应坚持公平正义原则、共同富裕原则、社会和谐原则和可持续发展原则等。同时，应遵循中国特色社会主义发展的内在规律，把握社会主义制度“不变”与

"变"的辩证统一；必须坚持社会主义基本原则不动摇，坚守中国特色社会主义制度底线不含糊，不断推进国家治理体系和治理能力现代化。

全面深化改革是社会主义制度的自我完善和发展，必须坚持制度自信、道路自信和理论自信，充分发挥人民的主人翁精神。一是要在全体人民共同奋斗、经济社会发展的基础上，加紧建设对保障社会公平正义具有重大作用的制度；二是要使发展成果更多更公平惠及全体人民，朝着共同富裕的方向稳步前进；三是要最大限度地增加和谐因素，确保人民安居乐业、社会安定有序；四是要依赖中国特色社会主义制度的成熟定型，减少发展中的风险和挑战，通过高度的制度自信推进可持续发展。

常修泽：根据人类社会发展的规律，在中国建立一整套更加成熟、更加定型的制度，需要遵循一些基本的思维或原则：

第一，把人的发展作为建立制度的出发点和落脚点。基于这一考虑，在制度安排上应着力于建立无愧于人自身发展的新体制，从制度上要有"补短板"的意识；应尊重人民群众的首创精神，让一切劳动、知识、技术、管理、资本的活力竞相迸发，让一切创造社会财富的源泉充分涌流；要让发展成果更多更公平惠及全体人民；改革中要有人文关怀。

第二，必须立足于我国长期处于社会主义初级阶段这个最大国情。坚持发展仍是解决我国所有问题的关键这个重大战略判断，以经济建设为中心，发挥经济体制改革的牵引作用，推动生产关系同生产力、上层建筑同经济基础相适应。

第三，坚持使市场在资源配置中起决定性作用和更好发挥政府作用的原则。任何一个成熟定型的社会制度，都绕不过市场与政府的关系问题。新阶段的改革必须科学界定政府与市场的关系：一方面，积极稳妥地从广度和深度上推进市场化改革，大幅度减少政府对资源的直接配置；另一方面，也要防止沉浸在市场万能的迷思之中，应在市场失灵领域发挥政府的应有作用。

第四，必须更加注重改革的系统性、整体性、协同性，防止单打一或顾此失彼。要以“海纳百川”的精神寻求每一项体制的包容性。

主持人：以全面深化改革促进中国特色社会主义制度更加成熟、更加定型，对国家治理体系和治理能力现代化提出了哪些具体要求？下一阶段的主要任务是什么？

张占斌：推进国家治理体系和治理能力现代化，必须依靠党带领人民在坚持社会主义根本制度和基本制度的前提下，不断增强中国特色社会主义道路自信、理论自信、制度自信和文化自信；必须按照十八届三中全会提出的到2020年全面建成小康社会之时，要“形成系统完备、科学规范、运行有效的制度体系，使各方面制度更加成熟更加定型”的改革时间表和战略部署，不断完善和发展中国特色社会主义制度；必须坚持站在人民的立场上，坚持以人民为中心的发展思想，推动经济体制、政治体制、文化体制、社会体制、生态文明体制和党的建设制度改革的统筹配套；必须坚持社会主义市场经济的前进方向，紧紧围绕使市场在资源配置中起决定性作用和更好发挥政府作用深化改革；必须坚持依法治国，建设社会主义法治国家。改革不适应实践发展要求的法律法规，不断构建新的法律法规体系，把权力装进制度的笼子，使各方面制度更加科学、更加完善，实现党、国家、社会各项事务治理制度化、规范化、程序化。唯有如此，中国特色社会主义才能在实践中不断培育生长点、释放生命力、彰显优越性，我们党才能带领人民不断夺取中国特色社会主义新胜利，顺利实现“两个一百年”奋斗目标和中华民族伟大复兴的中国梦。

张卓元：我补充一点。2015年年底中央经济工作会议提出供给侧结构性改革任务，这是当前全面深化改革的重要组成部分，也是推进我国国家治理体系和治理能力现代化的具体体现。推进供给侧结构性改革，目前主要是去产能、去库存、去杠杆、降成本、补短板，这涉及一系列经济体制改革特别是财税改革、金融改革和国企改革等问题。比如，在降成本方面，深化财税改革就很重要。政府已确定 2016 年采取三项举措：一是全面实施营改增；二是取消违规设立的政府性基金，停征和归并一批政府性基金，扩大水利建设基金等免征范围；三是将 18 项行政事业性收费的免征范围，从小微企业扩大到所有企业和个人。

迟福林：制度更加成熟、更加定型，是国家治理体系和治理能力现代化的重要基础。没有制度的不断改革与完善，我国现行国家治理体系中存在的问题就很难得到有效处理，治理能力也无法得到有效改善。

从国家治理体系和治理能力现代化的要求出发，下一阶段深化改革，至少有以下几个方面的改革要取得重大突破：第一，加快推进服务业市场开放，以打破行政垄断和市场垄断为重点，实现服务业市场开放；第二，以深化户籍制度改革推动城镇化结构变革，推进户籍人口城镇化进程；第三，以服务贸易为重点加快“二次开放”，对外开放的重点应是以服务贸易为重点推动外贸结构转型，推动多边、双边自由贸易进程；第四，以监管转型为重点深化政府改革，尽快建立适应现代市场经济要求的监管体系；第五，完善共享社会的体制保障，关键是提升财税体制的公共性，营造公平的社会环境。

原载《光明日报》，2016-08-10

三

国企改革与混合所有制改革

如何让混合所有制经济健康发展

张卓元

党的十八届三中全会《决定》指出，公有制经济和非公有制经济都是社会主义市场经济的重要组成部分，都是我国经济社会发展的重要基础；公有制经济财产权不可侵犯，非公有制经济财产权同样不可侵犯。这是一个历史性进步。

要认识到，虽然改革开放三十多年来我国经济实现了令世人瞩目的发展，从 2010 年起我国已成为世界第二大经济体，但我国仍然处于并将长期处于社会主义初级阶段这个最大国情没有发生根本性变化。这一基本国情决定，在建设中国特色社会主义进程中，多种所有制经济共同发展，对于促进经济增长、提供就业岗位、推动技术创新、增加国家税收、提升居民收入、满足人民群众日益增长的物质和文化需要，具有不可替代的作用。

新的工业革命和技术革命也昭示我们，未来许多产品和服务将向个性化、差异化发展，社会分工会更加深入与精细，为了满足日益多样与多元的社会需求，就需要根据不同的生产规模与水平建立多层次的所有制结构。因此，国有资本和非公有资本的长期并存是不可避免的，发展混合所有制经济将成为长期任务。

有人担心积极发展混合所有制经济会影响公有制的主体地位。这种担心是没有必要的。党的十五大报告明确指出，公有制的主体地位主要体现在：公有资产在社会总资产中占优势；国有经济控制国民经济命脉，对经济发展起主导作用。我们看到，经过改革开放，目前非公有制经济对国内生产总值的贡献已超过60%、对税收的贡献超过70%、对就业岗位的贡献超过80%，但与此同时，体现为国有工商企业资产、非经营性资产、金融资产、城市土地资产、自然资源资产以及农村集体所有土地等资产的公有资产，仍在社会总资产中占优势，有的超过50%，有的超过60%。更重要的是国有经济牢牢控制着国民经济命脉并对经济发展起主导作用。

同时也要认识到，积极发展混合所有制经济，需要完善国有资产监管体制，国有资产监管要从以管企业为主向以管资本为主转变。这是一个重大转变，有许多新东西需要认真研究与探索。《决定》指出，以管资本为主加强国有资产监管，改革国有资本授权经营体制，组建若干国有资本运营公司，支持有条件的国有企业改组为国有资本投资公司。这意味着，国有资产监管机构今后的主要工作是合理配置国有资本，研究如何组建国有资本运营公司和投资公司；并通过这些公司引导国有企业加快发展为混合所有制企业或股份制公司。《决定》还明确提出国有资本投资运营要服务于国家战略目标，提供公共服务、发展重要前瞻性战略性产业、保护生态环境、支持科技进步、保障国家安全是其五个重点领域。今后国有企业改革发展和国有经济结构调整的任务仍然十分艰巨。

从实践来看，积极发展混合所有制经济，关键是允许非国有资本参股国有资本投资项目。2013 年 9 月 6 日，国务院常务会议提出，要在推进结构改革中发展混合所有制经济，尽快在金融、石油、电力、铁路、电信、资源开发、公用事业等领域向民间资本推出一批符合产业导向、有利于转型升级的项目，形成示范带动效应，一些省市近来也出台了引进社会资本推动城市基础设施建设的方案。这些举措都既有利于国有资本放大功能和提高效率，也有利于非公有资本拓宽投资渠道，从而推动混合所有制经济的发展。

此外，在推动混合所有制经济发展时，还要注意发挥各种资本的优势和积极性，真正做到一荣俱荣、一损俱损。为提高资本运营效率，完善公司法人治理结构，要尽可能避免混合所有制企业中一家说了算的现象，既要防止国有资本一股独大，又要防止国有资产流失。需要国有资本绝对控股的，可以考虑由多个国有股东共同绝对控股。还要采取一些措施保护中小股东利益，真正做到在一家企业或公司内部不同所有制资本能同等使用生产要素和同等受益。

有专家估算，目前混合所有制经济总体上占我国经济的比重为 1/3 左右。按 1992 年以来我国混合所有制经济快速发展的势头推算，到 2020 年混合所有制经济总体上占我国经济的比重在 40%以上，将成为我国社会主义市场经济重要的微观主体。

原载《社会科学报》，2014 - 04 - 24

混合所有制改革不是瓜分国企盛宴

本报记者　定　军　特约记者　林怡君

下一步国企改革如何调整？

“国有资本应该百分之八十以上投放到五个重点领域，国有资本的配置要服从国家的战略目标。”说起国资改革，中国社会科学院学部委员、著名经济学家张卓元有说不完的观点。

作为中国市场经济体制改革的设计者和参与者，张卓元先后参与了党的十五大、十六大、十七大报告，以及十四届三中全会通过的《中共中央关于建立社会主义市场经济体制若干问题的决定》、十六届三中全会通过的《中共中央关于完善社会主义市场经济体制若干问题的决定》和十八届三中全会通过的《中共中央关于全面深化改革若干重大问题的决定》等重要文件的起草工作，对混合所有制的来龙去脉熟谙在心。

按照十八届三中全会提出的混合所有制改革要求，目前各地陆续出台了具体的改革方案，一些企业也开始行动起来。

对于混合所有制到底该怎么推进，国有企业如何推进混合所有制改革，《21 世纪经济报道》（以下简称《21 世纪》）的记者近期专访了张卓元。

张卓元认为，混合所有制改革要让不同所有制的资本交叉持股、相互融合，以利于各种所有制资本取长补短、相互促进、共同发展，繁荣社会主义市场经济。同时，进行混合所有制改革还可以淡化企业的所有制性质，更强调企业的市场主体位置。

混合所有制改革再进一步

《21 世纪》：十八届三中全会提出的混合所有制改革与过去的国有企业改革有什么区别?

张卓元：1993 年、2003 年中共中央关于建立、完善社会主义市场经济体制的文件中，国有企业改革的内容是推进公司制股份制改革，十八届三中全会提出的混合所有制改革比国有企业的公司制股份制改革又进了一步，因为公司制可以是国有独资的。

但上述这些都不是国有企业公司制股份制改革的最重要内容，国有企业改革主要是吸引非国有资本作为战略投资者。因此这次提出要让不同所有制的资本交叉持股、相互融合，以利于各种所有制资本取长补短、相互促进、共同发展，繁荣社会主义市场经济。

进行混合所有制改革还可以淡化企业的所有制性质，混合所有制经济既不是国有的，也不是私有的，它应该是不同所有制资本的融合，更强调企业的市场主体地位。

《21 世纪》：十八届三中全会提出国有资本的投资运营要服务于国家战略目标，更多地投向关系国家安全等领域，与过去的区别好像不大?

张卓元：1999年十五届四中全会中所提的需要国家控制的四大领域，包括涉及国家安全的行业、自然垄断的行业、提供重要公共产品和服务的行业，以及支柱产业和高新技术产业中的重要骨干企业。

我认为这次十八届三中全会提出的国有资本投资的五个重点领域，比1999年提出的四大领域前进了一步。除了提供公共服务、发展重要前瞻性战略性产业、保护生态环境、支持科技进步、保障国家安全五个重点领域以外，还需注意一点，十八届三中全会文件里专门提到了国有资本要加大对公益性企业的投入。

国有资本投向重点包括前瞻性战略性产业，这部分很多都是竞争性行业，说明国有资本不能完全从竞争性领域退出，然而此次明确提出了国有资本要加大对公益性企业的投入，这是它相比1999年的四大领域有所前进的地方。

另外，关于自然垄断行业，1999年提出了国家要控制自然垄断行业，这次则讲国家控股经营的自然垄断行业要实行以政企分开、政资分开、特许经营、政府监管为主要内容的改革，根据不同行业的特点实行网运分开、放开竞争性业务，推进公共资源配置市场化。实际上就是说对于自然垄断行业，其中有很多非自然垄断环节是可以放开和引入竞争机制的。我觉得这也比1999年的四大领域前进了一步。

《21世纪》：对公共服务业领域如何界定？香港的地铁是公益性项目却变成了盈利项目，内地有没有可能这样发展？

张卓元：这里讲的是公共领域中的公益性企业，像北京的公交公司就是公益性企业。北京地铁4号线也引进了香港的投资和运营管理经验，现在运营情况还不错，但我估计除了北京地铁4号线外，其他的大多数线路都很难成为盈利性项目，还是需要政府大量补贴。

对于关系国家安全和公益性的企业当然不能以保值增值为目标，而更应注重成本控制，提高服务的质量和范围等方面。

投向竞争性项目的国有资本要保值增值，但是投向公益性项目的，则不应以保值增值为主要目标。

《21 世纪》： 国有资本收益上缴公共财政的比例 2020 年要提高到 30％以上，更多用于保障和改善民生。公益性企业既然不以盈利为目的，这一方面的资金来源会不会有问题？

张卓元： 国有资本上缴公共财政的比例是有区别的，有的高一点，有的低一点，并不是一刀切的。另外，公益性国有企业不一定就没有盈利，可能也会有盈利，有盈利的话就可以上缴一些。所以说是有区别的。

竞争性领域国有资本需要调整

《21 世纪》： 许多国有企业都处于竞争性领域，它们该退出，还是应引进非国有资本？

张卓元： 这种情况应由国有资本运营公司来决定。上面说过，国有资本投向的五个重点领域中就包括一些竞争性产业，所以国有资本不能完全从竞争性领域退出。但是，有专家估计，目前国有资本的 80％都投在竞争性行业里，实在太高了，比如房地产业根本不属于国有资本应该投向的五个重点领域，国有资本过多集中在这一行业是不合适的。

十八届三中全会提出国有资本应投向五个重点领域。我认为国有资本的 80％应该投向这五个重点领域，其他方面不能太多，否则重点领域就不能称之为重点领域。这说明国有资本的配置需要调整。

《21 世纪》： 有的国有企业在房地产领域搞得很好，国有资本要退出吗？

张卓元： 房地产业发展到一定程度已出现变化。现在房子总量已经达到城市户均一套多，尽管随着城市化程度的加深对住房的需求还会增加，但房地产业长远的发展前景并不像过去那么好。

原来搞房地产的国有企业，如果本身效率高、品牌好，运营公司认为它还有发展前途，那就可以继续待在这个行业。但在总体上应该掌握，就如刚才所说的，比如国有资本应该80%以上投放到那五个重点领域，国有资本的配置要服从国家的战略目标，主要投向上述五个重点领域。

而对于实行混合所有制以后国有资本占50%以上股份的情况，我觉得最好不要一家国企占50%以上，最好是几家国企一起达到50%以上的占比。一家国企独占50%以上股份会产生很多问题，比如政企将会很难分开。

《21世纪》：最近各个地方都在公布混合所有制的改革方案，比如上海对竞争性领域可以退也可以留，对一些基础产业国有资本还要100%控股，对此您怎么看？

张卓元：要区分是什么情况，如果是自然垄断环节，国有控股没有问题，如果不是自然垄断环节，应该根据不同情况引进非国有资本。比如中石化把销售板块拿出来搞混合所有制，因为销售板块是非自然垄断环节，是竞争性的，这个是完全可以放开的。

在一个会议上中石化老总说这样做可以吸收上千亿元资金，这些资本进来后可以用在勘探等更急需投资的方面，这个做法是对的。同样，炼油部分是可以逐步放开的。还有原油进口，也可以逐步放开。

《21世纪》：现在国外的粮食、棉花、糖、煤炭价格比我们低很多，进口配额大部分给国有企业了，私有企业都拿不到，是否也要放开进口配额？

张卓元：这就要看国家的战略目标了，比如说放开粮食进口以后，大量进口冲击国内粮食生产，这就会产生问题。但我觉得煤炭进口应该可以逐步放开。进口低价煤炭对改善环境也是有好处的。

混合所有制经济也需要逐步发展，不能一下子全部开花，现在是把方向指明了，后面还要积累经验。

《21 世纪》：十八届三中全会提出自然垄断行业实行网运分离、放开竞争性业务，推进公共资源配置市场化。铁路可以交给民资运营吗？还有电网、城市水网、天然气管网等呢？

张卓元：租用路网应该是可以的。可以根据情况，放开竞争性的运营，但有一个社会资本的积累过程。以高铁为例，要租用的话，恐怕投资是很大的，就需要考虑现在有没有资本达到这样一个规模。也许要逐步进行，现在先从外围开始，比如说中石化从销售板块开始。

对于混合所有制改革，应该不只限于增量，国有资本存量和增量都可以进行，中石化对销售板块实行混合所有制，就是对存量资本进行混合所有制改革。自然垄断行业的非自然垄断环节中的资本许多都是存量资本，而且进行混合所有制改革的方式可以是多样化的。

国企进行混合所有制改革后，民资进出自由应该是最基本的。不可能民资进入之后就将它绑死。但是民资也不能进来一两天就走，这个需要有约定的规矩。

《21 世纪》：发改委公布了社会资本可进入的 80 个项目，比如说第一个是蒙华铁路，投资达 2 000 亿元，但是民资可能只占百分之零点几的股份，大部分还是国有股，这是改革的方向吗？

张卓元：关键在于这种投资有没有吸引力。以中石化的项目为例，它的销售板块放开后，申请的资金达到几千亿元，其中还包括很多的外资。也就是说，民间资本看中的是项目的发展前景，是否有利可图。民资是否愿意进入蒙华铁路，关键还是在于这个项目是否有吸引力，而且是长远的吸引力。民间资本的进入是有选择的。

员工持股应该有比例

《21世纪》： 十八届三中全会提出允许混合所有制经济实行企业员工持股，形成资本所有者和劳动者利益共同体，您觉得这个模式如何？

张卓元： 这个应该具体情况具体分析。如果是比较的公司，比如国有股占比重较大的，那么员工持股可能需要有个度，比如说占全部股本的10%。华为现在是全面员工持股，但国有股份占比大的混合所有制企业和它还有所不同。如果国有股份占比较大，那么员工持股就不一定能占到很大的比重。所以混合所有制企业员工持股比例多大，这个要看情况。允许员工持股，但是员工持股所占的比例可能是不同的。我想稍后可能会有实施材料来明确具体的比例。

《21世纪》： 现在已经上市的一些国有企业只是子公司。集团公司并没有上市。集团公司如果上市，国企管理层占股份的比例多少是否会成为一个问题？

张卓元： 国有银行没有母公司，是整体上市的。央企有母公司，有些母公司恐怕将来可以直接作为国有资本的运营公司。要是作为国有资本的运营公司，那就是国有独资，不搞混合所有制，而其下属的子公司是可以实行混合所有制的。

对于上市后总股份占比的问题，以后会出台相关文件的。在混合所有制推行以后，上市公司管理层占多大比例的股份，要根据不同的情况，采取不同的方法。

有人认为，混合所有制改革是最后一次瓜分国企盛宴，如果引进大量民资，会像20世纪90年代瓜分国有资产一样。我不这么看。现在混合所有制改革要求透明，不能暗箱操作，而且现在反腐的力度也很大。

需要对混合所有制的国有资产进行合理评估，这些都会受到监督和检查，暗箱操作利益输送的可能性比较小。

《21 世纪》：您估计这次改革的成效是否会比原来更大？

张卓元：应该说是在往前走一步吧。现在一部分国企已经开始改革，包括之前提到的上海。当然推进下去也并不是那么容易，也不是一天两天就能完成的。

《21 世纪》：之前您在经济论坛上说过一个国有资本资产总额的数据，它在全国的占比如何？国有资本对就业和 GDP 的贡献如何？

张卓元：目前国有资产有 90 多万亿元，其中净资产 30 多万亿元，和私营企业的注册资本差不多。但是它主要控制的是比较重要领域，而且都是一些大型企业。因此，它对就业和 GDP 的贡献相较民企有差距。

《21 世纪》：国资委以后还需要管人管钱吗？中组部还需要确定央企负责人吗？

张卓元：应该是按照管理资本的思路来变，但是能落实到什么程度要看发展情况。比如国有资本投资和控股的企业，就要派董事长。现在由组织部来任命的只是特大型国企正职，这是属于人事方面的改革。

我认为，国资委就是承担国有资本配置工作，要按照国家的战略目标和要求，把国有资本配置好。国资委过去是管理企业比较多，现在主要是管资本。至于如何管资本，就是要组建或成立一批管理资本的运营公司和投资公司，通过它们来贯彻国家的战略意图，把国有资本更多投向那五个重点领域，以及加大对公益性企业的投入，而不是过多地干预企业的经营活动。

原载《21 世纪经济报道》，2014－07－11

以管资本为主完善国有资产管理体制

张卓元

2002年党的十六大明确国有资产管理体制改革原则和方针后，至今已超过10年，但对国有金融资产、自然资源资产、非经营性资产等，还没有明确和建立代表国家履行出资人职责的机构，还是“五龙治水”，“内部人控制”问题严重。2003年成立国务院国资委时，只明确了对工商企业国有资产进行监管，而对其他国有资产则说先放一放，但一放就是十多年。

这次十八大报告再次提出“完善各类国有资产管理体制”，因此建立和完善除工商企业国有资产以外的国有资产的管理体制和制度，必须提上改革议事日程，不能再拖了。要看到，不尽快建立监管制度，极易造成国有资产流失。前几年，山西一些煤老板通过各种关系开采属于国家的煤矿，日赚几十万元甚至几百万元，主要是由于国家对国有自然资源资产监管不到位，使大量国有资产流入私人的口袋。此外，还有相当数量的非金融类经营性资产政企不分、政资不分现象亟待改变。比如，在中央政府层面上还有 80 多个部门对其下属的几千家企业进行直接管理，没有纳入集中统一的国有资产监管体系。与此同时，一些应该由企业自主决策的事项仍然需要政府部门审批。对这些问题应制定改革规划尽快予以改变，不能总是久拖不决。

另外，要完善国有资本经营预算制度。国有企业上缴利润要逐步做到主要用于充实社会保障基金，以缓解社会保障基金欠账问题，而不要留在国有企业中调剂使用。2011 年，中央国有资本经营收入总共 800.61 亿元，支出 769.54 亿元，其中 723.6 亿元以各种名目返回给了央企，而调入公共财政预算用于社会保障支出的只有 40 亿元，太少了。这次《中共中央关于全面深化改革若干重大问题的决定》（以下简称《决定》）专门指出：完善国有资本经营预算制度，提高国有资本收益上缴公共财政比例，2020 年提高到 30%，更多用于保障和改善民生。

据财政部网站 2014 年 5 月 6 日的消息，从 2014 年起，中央企业国有资本收益上缴比例在现有基础上提高 5 个百分点。按照通知的要求，中央企业按照行业特性分为五类：第一类为烟草企业，上缴标准为税后利润的 25%；第二类包括石油石化、电力、电信、煤炭在内的 14 家资源垄断型企业，上缴比例提高至 20%；第三类包括中国铝业、中国建材等 69 家一般竞争性领域的企业，上缴比例提高至 15%；第四类包括军工、转制科研院所等 34 家企业，上缴比例提高至 10%。此外，中国储备粮管理总公司和中国储备棉管理总公司两家企业免缴红利。央企上缴比例提高后，2014 年政府预计收取中央企业税后利润 1 414.9 亿元，比 2013 年执行数增加 375.43 亿元，增长 36.1%。其中，安排调入公共财政预算 184 亿元，而 2010 年仅为 10 亿元，2013 年为 65 亿元。

最后，要进一步明确国资委职责。《决定》指出，“完善国有资产管理体制，以管资本为主加强国有资产监管，改革国有资本授权经营体制，组建若干国有资本运营公司，支持有条件的国有企业改组为国有资本投资公司。国有资本投资运营要服务于国家战略目标，更多投向关系国家安全、国民经济命脉的重要行业和关键领域，重点提供公共服务、发展重要前瞻性战略性产业、保护生态环境、支持科技进步、保障国家安全。”国资委从以管企业为主向以管资本为主转变，意味着国有资产监管体制改革进入一个新的阶段。

国资委作为出资人的代表，如何只当“老板”，不当“婆婆”，不代替公司董事会进行微观经营决策，切实尊重企业法人财产权等，过去一直没有很好落实。今后国资委主要管资本，说明国资委要致力于国有资本的优化配置，积极推动混合所有制改革。国资委还应着重鼓励国有或国有控股企业在转变经济发展方式、实现创新驱动发展、推动科学管理、履行社会责任等方面起带头和示范作用。

至今国务院国资委对50多家特大型企业的主要负责人还没有任命权，似乎有待改进。

随着经济的发展和改革的深化，国有企业的定位问题也引起广泛的关注。有的专家主张国有企业向公益型转变和发展。现在看来，要让所有国有企业都转变为公益型企业不太现实，但是有一部分或有越来越多的国有企业要向公益型企业转变和发展，也许是不可避免的。《决定》也提出要准确界定不同国有企业的功能。国有资本加大对公益性企业的投入，在提供公共服务方面作出更大贡献，这个问题值得进一步研究和落实。

《决定》提出今后国有资产监管机构的一项主要职责是组建国有资本运营公司和成立国有资本投资公司，这对各级国资委来说是新的课题。这两类公司各有何特点和任务，目前还在探索过程中。以下是《〈中共中央关于全面深化改革若干重大问题的决定〉辅导读本》对这两类公司的解释，值得大家参考。

“国有资本运营公司是国家授权经营国有资本的公司制企业，通过划拨现有国有企业股权组建的国有资本运营公司，即以资本营运为主、不投资实业的公司形式，营运的对象是持有的国有资本（股本），包括国有企业的产权和公司制企业中的国有股权，运作主要在资本市场，既可以在资本市场融资（发股票），又可以通过股权产权买卖来改善国有资本的分布结构和质量。公司运营强调资金的周转循环、追求资本在运动中增值，运作的形式多种多样，通过资本的运营，实现国有资本保值增值。”“国有资本投资公司是国家授权经营国有资本的公司制企业。公司的经营模式，是以投资融资和项目建设为主，通过投资实业拥有股权，通过资产经营和管理实现国有资本保值增值，履行出资人监管职责。”

看来，如何组建和逐步完善上述两类公司，有待今后不断积累实践经验，并学习和借鉴国外类似公司的成功案例为我所用。

原载《改革内容》，2014（37）

国企除极少数外应弃“独”求“混”

——专访中国社会科学院学部委员、经济研究所研究员张卓元

记者　崔克亮

中共十八届三中全会之后，国企改革似乎进展不大。时近2014年下半年，该项改革逐渐显露出一些积极的动向：先是有媒体对现有国资委体制和职能的转换作出前瞻，甚至提出了“国资委去留”的问题；7月15日，国资委公布了央企“四项改革”试点第一批名单，国资国企改革进入顶层设计与试点推动相结合的阶段。当前的国企改革应该如何推动和实施？混合所有制如何实现“混合”？现有国资监管体制和职能应如何转换？中国国企改革已历时30余年，至今未竟全功，根源何在？国企改革的根本或曰最终出路（或目标）究竟应该是什么？

就这些问题，《中国经济报告》记者近日专访了曾参与中央国企改革重要文件起草的中国社会科学院学部委员、经济研究所研究员张卓元先生。

目前还谈不上“国资委去留”的问题

《中国经济报告》：最近，有媒体报道，国资委已日显“迟暮”，成为下个十年国企改革的“天然障碍”，故需对其体制和职能予以彻底改革，报道甚至提出了“国资委去留”的问题。您对此怎么看？

张卓元：十八届三中全会只是提出要完善国资监管，从管资本入手管好国资运营，并没有说要取消国资委。我觉得现在还谈不上这一点。目前，还有 100 多家央企，都是大型企业，国家还需要组建若干国有资本运营公司和投资公司来加强对这些巨量国资的监管，所以，目前还提不出您说的这个问题。

当然，下一步深化国企改革，我认为国资委的职能要有一个比较大的转变，就是从以管企业为主转变为以管资本为主。目前，国资委监管的央企有 113 家。国资委 2003 年 4 月成立时，其履行出资人职责的央企共 196 家。国资委曾提出整合重组到 80～100 家。80～100 家也太多了，参考汇金或淡马锡模式，国有资本投资运营公司可以搞得大一点，开始可以允许多一些，然后再逐步重组，不要太碎。

国资委从以管企业为主转为以管资本为主后，通过管资本提出董事、股东代表人选，成立董事会，由董事会去决策，不要再去管企业了。

国资监管增加了一层中间架构后，国资委究竟承担什么责任，如何协调国资委和财政部的职责，这些新问题尚需研究明确。

从“管资产”到“管资本”

《中国经济报告》：那么，现有国有资产监管机构怎样才能实现从以管企业为主向以管资本为主转变呢？“以管资本为主”的具体法律制度安排是怎样的？

张卓元：这次《决定》提出，“完善国有资产管理体制，以管资本为主加强国有资产监管，改革国有资本授权经营体制，组建若干国有资本运营公司，支持有条件的国有企业改组为国有资本投资公司。”这意味着国有企业和国有资产管理体制改革进入了全新阶段，别看光是从“以管企业为主”到“以管资本为主”的转变，只有两个字的变化，但这是个非常大的转变。

国资委主要管资本，也是同积极发展混合所有制经济相适应的，因为国资委要逐步致力于国有资本的优化配置，也就要求更好地发展混合所有制经济。《决定》专门指出，“国有资本投资运营要服务于国家战略目标，更多投向关系国家安全、国民经济命脉的重要行业和关键领域，重点提供公共服务、发展重要前瞻性战略性产业、保护生态环境、支持科技进步、保障国家安全。”

1999年，中共十五届四中全会的决定提出了国有资本要控制的国民经济四大领域，即涉及国家安全的行业、自然垄断的行业、提供重要公共产品和服务的行业，以及支柱产业和高新技术产业中的重要骨干企业，与此相比，应该说《决定》又前进了一步。比如1999年四大领域中有个自然垄断行业，国家要控股经营，但是这次明确提出国有资本需要控制的主要是自然垄断环节，除此以外，应该尽可能引入竞争机制。

既然是重点领域，国资投资至少应在60%以上，否则就不成为重点领域了。而对诸如房地产、酒店旅游这样的领域，显然不应是国资投资的领域，现有的投资应该退出，更不能再新进入了。

《决定》还提出，“国有资本加大对公益性企业的投入，在提供公共服务方面作出更大贡献。”有人估计目前国有资本80%左右集中在竞争性行业，太高了，虽然国有资本五个投向重点里也有一些是竞争性行业，但是今后要逐步把更多的国有资本投向公益性领域。所以，目前国有资本的配置需要按照《决定》的要求进行调整。

国资可分为三类：公益性、收益性、介乎两者之间

《中国经济报告》：此前，就宏观而言，国企改革的一个主要方向是，对国资和国企做战略性重组，破除行政垄断；国企应主要提供公共产品和服务，从一般竞争性行业真正退出来。时至今日，应该说，对这个改革方向坚持得不够，甚至有段时间出现“国进民退”现象。当前和今后应如何继续做好对国资和国企的分类改革？

张卓元：今后，要很好界定各类国有资本的职能，大体可以分为三类：一类是公益性，还有一类是收益性或商业性，第三类是介乎两者之间或者两者兼有的。公益性资本主要投资于提供公共服务和保障领域，包括基础设施、基础产业、普遍服务等；收益性资本主要投资于重要竞争性产业和技术创新等领域，包括投资于引领科技进步、具有国际竞争力、进入世界500强的大型企业和跨国公司。

与上述资本职能相适应，组建若干国有资本运营公司和投资公司，分别制定不同类公司对各个企业的出资和投资方式，确定其经营目标和考核体系。比如，对于公益性资本，运营公司就不能以资本增值作为主要考核指标，而应当着重在成本控制、服务质量等方面提出要求。

同时，要借鉴国内外一些比较成功的资本运营公司和投资公司的基本做法和经验。比如，对于新加坡的淡马锡公司和国内汇金公司的资本运营和投资控股的一些做法，要结合具体企业及实践，认真研究和借鉴，探索适合不同企业的最佳模式。

国企改革成败的关键在于政府职能转换

《中国经济报告》：中国各级政府在推动经济发展时，那双“有形之手”往往会变为“闲不住的手”。要实现国资监管体制的改革，还需要政府自身作出哪些努力和改革？

张卓元：推进国企改革首先要求政府转化职能，这是落实市场在资源配置中起决定性作用的关键。明确市场在资源配置中起决定性作用来代替基础性作用，做这种变动，一个现实针对性是非常明确的，就是要进一步从广度和深度上推进市场化改革。主要解决下列问题：政府对资源的直接配置过多、对微观经济活动干预过多和审批过多；政府对市场监管不到位、影响公平竞争环境的形成和健全；政府公共服务、社会管理和保护环境也不到位或缺位，远不能满足老百姓的需求；政府没有很好依法打破各种各样的行政垄断甚至采取一些歧视性政策，妨碍非公有制经济的发展；等等。

这就要求政府转型，从越位领域退出，填补和做好原来缺位和不到位的工作，实现政府职能的转换，以便更好地发挥政府的作用。正如《决定》所指出的，要“加强中央政府宏观调控职责和能力，加强地方政府公共服务、市场监管、社会管理、环境保护等职责”。

可见，要落实市场在资源配置中起决定性作用，关键要推进政府改革，划清政府和市场的边界。政府要从多年来介入过深的经济活动中逐步退出，大幅度减少对资源的直接配置，最大限度减少政府对微观事务的管理，市场机制能有效调节的经济活动，一律取消审批，对保留的行政审批事项要规范管理，提高效率。同时，加强服务职能，即从全能型政府转变为有限型政府、服务型政府、法治型政府，这样才能更好地发挥政府的作用。

混合所有制怎样“混合”

《中国经济报告》： 十八届三中全会《决定》提出，要积极发展混合所有制经济。迄今为止，该项改革似乎进展不大，原因可能是一些国企还没有准备好，民企对如何混合心中没底，对混合后的资本安全心有余悸。混合所有制究竟应该如何“混合”？混合所有制改革怎样才能打消民企的疑虑，真正实现多赢？

张卓元： 混合所有制经济是中国基本经济制度的重要实现形式，这是《决定》的又一亮点。中国经过三十多年的改革开放，伴随着经济高速增长，无论是国有资本、集体资本、非公有资本，都增长很快。截至2013年年底，国有工商企业资产累计91万亿元，所有者权益31.8万亿元，其中中央企业所有者权益16.5万亿元。2012年私营企业注册资本也达到31万亿元，居民储蓄存款更多，2014年4月已经达到了47万亿元，其中半数以上是定期存款。

在这种情况下，发展混合所有制经济，有利于国有资本放大功能，保值增值，提高竞争力，也有利于各种所有制资本取长补短，相互促进，共同发展。发展混合所有制经济，意味着我们现在不提倡国有企业之间的联合，因为在这之前，很多地方热衷于地方国有企业找中央企业搞联合，而不是跟不同所有制资本联合。所以，国企改革的第一步是公司制改革；第二步，光是公司制改革还不够，还应推动股份制改革；再进一步，光是股份制改革还不行，还应推动混合所有制改革。今后，要弱化企业的所有制印记，强化市场主体地位。

发展混合所有制经济，现在看来，国有企业特别是国有大中型企业似乎要更加积极和主动些。中国实践证明，上市是国企进行混合所有制改革的最有效的途径。

目前，中央企业的母公司中，只有中国联通等八九家公司初步实现了股权多元化，大多数公司还是国有独资公司，没有引入非国有的战略投资者，改革滞后了。近来，已经有一些国有大型企业主动提出实行混合所有制，比如中石化将油品销售板块进行重组，引入社会和民营资本参股，实现混合所有制经营。还有中电投，也是允许民资参股其旗下的部分子公司和建设项目，规模比例大概是三分之一。

民间资本参股后应有充分发言权

《中国经济报告》：在混合所有制改革中，如何确保民间资本的合法权益？如何在价值取向上避免民间资本单纯成为为国有资本的改革和发展服务的工具？民间资本能控股吗？

张卓元：混合所有制经济既可以由国有资本控股，也可以由非国有资本控股。需要国有资本控股的，最好由多家国有资本经营公司共同控股。当前要着重避免总是国有股一股独大和一家国有企业控股，民间资本参股后没有多少发言权的现象。也要避免有的央企在混合所有制改革中只拿出一部分不赚钱或者成为包袱的业务吸收社会资本参与。

有专家主张，要坚持在增量的基础上发展混合所有制经济，坚决防止抛售优质国有资产，这个问题值得讨论。实际上，按照《决定》的精神，在垄断行业中，除了自然垄断环节外，一般都应该放开，其中既有存量资产，也有优质资产。此外，不属于《决定》规定的国有资本五个投向重点的存量资产和优质资产，应当可以用于发展混合所有制经济。优质资产可以评估出好价钱，有利于引入社会资本和竞争机制，从而有利于发展混合所有制经济。

另外，在讨论发展混合所有制经济时，也出现有的民营企业一讲到混合所有制经济就要求控股的现象，这也不完全现实。因为现在有的准备引进社会资本的央企，比如中石化，它的油品销售板块拿出三分之一就达到上千亿元，目前单个民营资本恐怕还不具备控股的能力。同时，也要防止在混合所有制改革中出现国有资产流失，这中间最重要的就是要客观合理地评估国有资产，要依法和公开透明操作，严格防止过去国有企业改革过程中出现的很多乱象。

有专家估计，目前混合所有制经济总体上占我国国民经济的比重为三分之一左右。按照现在的发展速度，我估计，到 2020 年，中国混合所有制经济总体上占国民经济的比重可以提高到 50%左右。所以，可以想象，随着经济发展和改革深化，产权多元、自主经营、治理规范的混合所有制经济将会有长足发展，成为社会主义市场经济的主要微观主体。因此，今后需要加强对混合所有制经济的研究，包括怎样完善法规政策，健全法人治理结构，真正做到在一个经济单位内部，各类资本能够实现同等产权保护、在约定条件下资本进出自由、同等使用生产要素、同等受益，促进混合所有制经济健康发展。

国企改革的根本出路是股份化和混合所有制化

《中国经济报告》：您认为，中国国有企业改革的根本出路是什么？

张卓元：对小微企业来说，主要是用多种形式放开搞活；对大中型企业来说，主要还是进行股份制改革，发展混合所有制经济。中国国企还有很多大型企业，最近的材料表明，2014 年中国大陆（不包括台湾、香港和澳门）进入世界 500 强的 91 家企业中，90%以上是国有或国有控股企业。因此，国有大中型企业改革的主要出路就是搞混合所有制。

《中国经济报告》：刚才您已提到，目前进入世界500强的中国企业，绝大部分是国企，这能说明什么问题？

张卓元：这说明，中国国有企业经过多年改革，已逐渐同市场经济相适应，竞争力大大增强，继续在国民经济中发挥着主导作用。

国企所上缴红利不能总是大量划转回国企

《中国经济报告》：国企廉价甚至无偿占有全民资源，但每年向国家财政上缴红利偏低，远远低于国际通行标准。十八届三中全会《决定》提出提高国有资本收益上缴公共财政比例，2020年提高到30%，更多用于保障和改善民生。这个标准是否偏低？

张卓元：今年，国企上缴红利比例再度上调5个百分点，其中，烟草企业红利上缴比例升至25%，以石油、石化和电力为代表的资源型企业红利上缴比例达到20%。到2020年，要总体上提高到30%。应该说，这是一个很大的进步。更为关键的是，国企所上缴红利要更多地用于公共服务和民生事业，而不能像以往一样，又大量由国家财政划转国资委调剂使用，还是为国企所用。

全球化战略：知己知彼和机制灵活

《中国经济报告》：中国企业在走向全球的过程中，有成功，也有失败，造成巨额国资流失。您认为，中国企业应如何制定正确的全球化战略，以规避跨国并购和战略重组的风险？

张卓元：中国企业在走向世界的过程中的确有很多经验和教训。失误的主要原因恐怕在于，一方面，不全面了解有关地区和国家的政治、经济、市场、社会、文化等情况，不能够知己知彼；另一方面，决策机制不灵活，不完善，容易出现决策失误。有些企业不充分了解所在国的政治环境，突遇政权变更，合同被撕毁；有些企业不熟悉国际游戏规则，决策机制不完善，容易贻误商机。在这方面，民营企业的风险意识、逐利动机和灵活多变的经营决策机制值得国企借鉴。

国企腐败源于权力不受制约

《中国经济报告》：您能否谈谈国企改革与反腐的关系？众所周知，国企腐败窝案频发，这恐怕与国企体制机制缺陷有关。一方面，需要完善相关制度安排，铲除滋生腐败的土壤；另一方面，反腐也可以成为促进国企改革的手段。您怎么看？

张卓元：国企腐败和其他领域的腐败一样，根本原因就是权力不受制约。有些国企，公司法人治理结构不完善，信息不公开不透明，暗箱操作，一把手权力太集中，由他（她）说了算，缺乏制约和监督，便很易于拿公权力牟取私利。国企腐败和社会环境、社会风气的影响也有关系。所以，任何权力，包括运用国有资本的权力，都必须受到制约，其行使必须依法、透明，否则就必然走向腐败。

促进民企发展，关键在于打破国企垄断

《中国经济报告》：民企发展与国企改革紧密相关，关于民企发展的“新旧 36 条”的落实情况不是很好。今后应如何切实清除民企发展障碍，为国企开展混合所有制改革创造良好条件？

张卓元：民营企业的发展环境现在好转了。十八届三中全会《决定》很重视社会资本的发展，对民企的定位和作用很重视，有很明确的规定。全会后，对民企注册实行“先照后证”，对企业资本金由“实缴制”改为“认缴制”，大大便利了民间创业和社会资本的发展。

今后，要更好地发挥社会资本的作用，促进国民经济健康发展，关键的问题还是在于打破国企在很多竞争性领域的垄断。在自然垄断行业，也要把自然垄断环节和非自然垄断环节区分开来，要逐步放开非自然垄断环节，不要老由国企霸着。随着科技的进步，自然垄断环节越来越少，许多环节都可以引入竞争。比如，油气进口就应该放开；网运可以分开；铁道、电力、通信等领域都可以引入竞争。

房地产黄金时期告一段落

《中国经济报告》：今年以来，一些城市房价降幅较大，新房屋开工面积降低，这是否意味着中国房地产市场的拐点已然到来？中国房地产市场会否像当年的日本和中国香港那样崩盘？今后，应如何保障中国房地产市场长期健康平稳发展，而不是像以前那样畸形发展？

张卓元：当前，中国住房总量不少，空置率高，中国房地产市场的黄金时期告一段落了。尤其是全国范围的不动产统一登记启动后，房地产的投资投机需求一定会减少。中国房价下降或稳中有降的可能性很大，但崩盘的可能性不大。因为中国城市化正在推进，城市化对房地产有巨大需求，房地产市场还有一定发展空间，只是不会再像以前那样畸形发展了，而是会走向正常轨道，房地产投资占总投资的比重不会再像以前的百分之二十几那么高。

值得一提的是，房地产税通过立法开征后，可以从根本上抑制人们对房地产投资投机的需求。温州人为什么不敢到美国去炒房？因为购买房产后每年都得交税。

《中国经济报告》：当前，一些企业出现经营困难。您对于这些企业渡过难关有何建议？

张卓元：当前，中小微企业遇到的困难主要是融资问题，央行采取了定向降准政策，关键是加强这些政策的落实和监管；大企业面临的是产能过剩、劳动力成本上升以及改革难题；这时，对地方政府来说，不要为 GDP 短期增速最大化而盲目投资，一定要考虑成本收益，要充分考虑投资的可行性，借了钱不还是不行的。当然，财政资金的公益性投资另当别论。

经济增速保持在 7%左右，就是“新常态”

《中国经济报告》：上半年，国内生产总值增幅为 7.4%，中国经济“缓中趋稳”。最近，中央决策层在为“稳增长”而频频研讨。在政策层面，“微刺激”有向“强刺激”转换的趋势。中国经济每到运行趋紧之时，“促改革”“调结构”“转方式”，总会让位于“稳增长”，致使改革步伐蹭蹬，成效不彰。“稳增长”真的就那么重要吗？您对当前经济形势及宏观政策有何建言？

张卓元：我对通过“定向降准”等政策定向满足小微企业的资金需求，支持其发展，持赞成态度。但是，我对有些地方又计划大规模搞“铁公基”建设，不考虑可行性和成本收益，以政府投资促 GDP 增长这种做法深表怀疑。经济增长 7%就不行？非得到 7.5%？非得 7.5%才能保证就业？为了零点几个百分点的增长率，可能要增加很多无效投资，增加大量货币投放，我觉得不值得。

我认为，目前中央政府在转换职能、减少审批方面，应该说做得还是比较有力度的。相对而言，地方政府改革特别是在改变地方政府直接配置资源过多和对微观经济活动干预过多，改变软预算约束和依赖土地财政以及借了钱不准备偿还等方面做得还不够好。最近，在微刺激的推动下，一些地方政府又热衷于“大干快上”，继续追求短期 GDP 最大化，实际上还在走老路，还在增加政府对资源的直接配置，以致产能过剩、地方债务急剧增长等问题很难解决。

地方政府改革应该怎样迈步，抓什么重点，目前还不太清楚，值得我们很好研究。而且地方政府改革涉及地方官员利益的调整，难度很大，需要中央全面深化改革领导小组强有力的推动才能迈步。我认为，这是目前在深化经济体制改革方面一个最大的难题。

《中国经济报告》：那么，您对中国经济进入“新常态”这个提法怎么看？

张卓元：我认为，经济增速保持在 7%左右就可以，就是“新常态”。

中国经济现状，用“新常态”的表述比前一段时间中国经济进入“三期叠加”阶段的表述更为准确。

原载《中国经济报告》，2014（8）

积极发展混合所有制经济 促进各种资本优势互补共同发展

张卓元

2013 年《中共中央关于全面深化改革若干重大问题的决定》（以下简称《决定》）首次提出，混合所有制经济是基本经济制度的重要实现形式，要积极发展混合所有制经济。这就为进一步深化国有企业改革、完善基本经济制度指明了方向。从那以后，从中央到地方，从国资委到国有企业，都积极响应中央的号召，研究、制定和落实推进混合所有制改革的规划和方案。与此同时，各方面对混合所有制经济的研究和讨论也迅速开展起来，为促进混合所有制改革献计献策。

一、积极发展混合所有制经济，进一步完善基本经济制度

《决定》指出，“国有资本、集体资本、非公有资本等交叉持股、相互融合的混合所有制经

济，是基本经济制度的重要实现形式，有利于国有资本放大功能、保值增值、提高竞争力，有利于各种所有制资本取长补短、相互促进、共同发展。”[①] 根据《决定》的精神，积极发展混合所有制经济，是为了进一步完善基本经济制度，既要坚持以公有制为主体，发挥国有经济的主导作用，又要使各种所有制资本优势互补、共同发展。这是我们推进混合所有制改革的立足点。有人担心，这次混合所有制改革会大量抛售国有资产和造成国有资产流失，从而影响公有制的主体地位和削弱国有经济的主导作用，有可能动摇基本经济制度。这种担心是不必要的。这次混合所有制改革是为了健全社会主义市场经济体制、加快实现经济转型和发展方式转变而启动的。积极发展混合所有制经济，能够做到以下几个有利于：

第一，有利于充分动员国有资本和其他社会资本更好地共同推动社会主义市场经济的发展。中国经过三十多年的改革开放，伴随着经济的高速增长，国有资本、集体资本、非公有资本都呈现几十倍、上百倍增长。根据财政部 2014 年 7 月 28 日公布的数据，截至 2013 年年底，全国国有企业资产总额 104.1 万亿元，所有者权益 37 万亿元。2012 年年底私营企业注册资本达 31 万亿元。居民储蓄存款也大量增加，到 2014 年 4 月，居民的银行储蓄存款余额达 47 万亿元，其中定期存款占一半以上。在这种情况下，发展混合所有制经济，有利于更好地动员各种资本参与社会主义现代化建设，发挥各种资本自身的优势，共同为促进经济增长、提高人民收入和生活水平贡献力量。

第二，有利于优化国有资本的配置。《决定》指出，“国有资本投资运营要服务于国家战略目标，更多投向关系国家安全、国民经济命脉的

① 中共中央关于全面深化改革若干重大问题的决定．北京：人民出版社，2013.

重要行业和关键领域，重点提供公共服务、发展重要前瞻性战略性产业、保护生态环境、支持科技进步、保障国家安全。”① 积极发展混合所有制经济，可以使国有资本更好地流动起来，逐步把国有资本集中在上述五个重点领域，引进更多非国有资本进入非重点领域。既不是“国进民退”，也不是“国退民进”，而是国民共进，做到各种资本互利共赢。

第三，有利于在垄断行业非自然垄断环节引入竞争机制。《决定》指出，“国有资本继续控股经营的自然垄断行业，实行以政企分开、政资分开、特许经营、政府监管为主要内容的改革，根据不同行业特点实行网运分开、放开竞争性业务，推进公共资源配置市场化。进一步破除各种形式的行政垄断。”② 这次混合所有制改革，一方面要在竞争性行业中继续推进混合所有制经营，另一方面，甚至是更加重要的方面，就是垄断行业要逐步放开非自然垄断环节业务，引入社会资本，引入竞争机制，提高资源配置效率。

第四，有利于提高微观活动效率。多年统计资料表明，股份制和混合所有制企业因能革除国有企业积弊，进行市场化经营，因而比国有企业资产营运效率高，创新能力强。同时，允许混合所有制经济实行企业员工持股，形成资本所有者和劳动者利益共同体，有利于调动各方面积极性并形成合力。因此，推进混合所有制改革，能促进企业增强活力，提高效率和市场竞争力。

总之，积极发展混合所有制经济，有利于各种所有制资本取长补短、相互促进、共同发展，进一步巩固和完善我国基本经济制度，齐心协力推动我国社会主义现代化建设。

---

① 白天亮．新一轮国企改革拉开大幕．人民日报，2014－07－16.

② 中共中央关于全面深化改革若干重大问题的决定．北京：人民出版社，2013.

二、积极发展混合所有制经济，深化国有企业改革

国有企业推进混合所有制改革，意味着国企改革迈进一个新的阶段。

中国国有企业改革，从1993年中央确定以建立现代企业制度为改革方向算起，已20多年，改革取得了显著成效。目前，90%的国有企业完成了公司制股份制改革，中央企业净资产的70%已在上市公司，中央企业及其子企业引入非公有资本形成的混合所有制企业户数已占到总户数的52%。截至2012年年底，中央企业及其子企业控股的上市公司中，非国有股权的比例已经超过53%。通过改革，大大增强了国有经济和企业的实力和竞争力。美国《财富》2014年公布的世界500强名单中，中国大陆（不包括台湾和香港）的上榜企业已升至91个，其中90%以上是国有或国有控股企业，而且最强的前几位全部是国企，这充分说明国有经济在国民经济中发挥着主导作用。

与此同时，我们也要看到，国有企业改革尚未到位，仍有许多攻坚克难任务。积极发展混合所有制经济，是今后深化国有企业改革的重要抓手。

首先，中央企业母公司中，只有中国联通、中国商飞、上海贝尔、南方电网、核电科技集团等八九家公司初步实现了股权多元化，大量的央企母公司仍为国有独资，包括混合所有制改革搞得比较好的中国建材公司，其母公司也还是国有独资，改革显得滞后了。今后需要用更大力气推进央企母公司特别是竞争性领域的母公司的混合所有制改革，最好是能创造条件实现整体上市，因为上市公司是比较规范的混合所有制企业。

其次，垄断行业中大量非自然垄断环节业务尚未放开引入竞争机制，没有很好地引进社会资本。今后要尽快放开自然垄断行业的竞争性业务。即使是自然垄断环节，国有资本要控股经营，仍然可以吸收一部分社会

资本参与，这对改善公司治理结构是很有利的。垄断行业也许是今后一段时间内积极发展混合所有制经济的着重点。

最后，即使是进行了股份制和混合所有制改革的公司，也存在国有股一股独大、治理结构不完善的问题。有些处于竞争性领域的股份公司中，国有股竟占到总股本的70%以上，而且往往是一个国有股股东独大，容易造成一个股东说了算，难以建立有效的制衡机制。像这样的公司，国有股可以适当减持，用于充实社会保障基金，加强其他国有资本投资重点，或者由多个国有股共同控股，这种股权结构的改善也能在一定程度上健全公司法人治理结构。

2013年9月6日，国务院常务会议提出，尽快在金融、石油、电力、铁路、电信、资源开发、公用事业等领域向民间资本推出一批符合产业导向、有利于转型升级的项目，形成示范带动效应，并在推进结构改革中发展混合所有制经济。

2014年7月15日国务院国资委宣布在中央企业启动四项改革试点，分别是国有资本投资公司试点、混合所有制经济试点、董事会授权试点、向央企派驻纪检组试点。其中确定中国医药集团总公司、中国建筑材料集团公司开展混合所有制经济试点。混合所有制经济试点，主要探索发展混合所有制经济的有效路径，目的有六个方面：一是探索建立混合所有制企业有效制衡、平等保护的治理结构；二是探索职业经理人制度和市场化劳动用工制度；三是探索市场化激励和约束机制；四是探索混合所有制企业员工持股制度；五是探索对混合所有制企业的有效监管机制以及防止国有资产流失的方法和途径；六是探索在混合所有制企业开展党建工作的有效机制。[①] 中国建材集团公司是我国发展混合所有制经济

① 白天亮．新一轮国企改革拉开大幕．人民日报，2014-07-16.

的成功案例。该公司在董事长宋志平的带动下，从 2002 年的资不抵债，公司总共有 20 多亿元的销售收入，却有 30 多亿元的银行逾期负债，通过 10 多年的努力，通过资产重组、上市等，发展到 2013 年年底，资产达到 3 600 亿元，其中净资产 660 亿元，国有资本 220 亿元，民营资本和社会资本 440 亿元，当年利润 123 亿元，成为世界上最大的水泥生产商（产能达 4.5 亿吨）。到 2013 年该公司已连续五年进入世界 500 强。2009 年，哈佛商学院将中国建材集团公司水泥产业大规模重组的经验纳入其教学案例。①

一些省市也推出发展混合所有制方案，如上海市推出了《推进国有企业积极发展混合所有制经济的若干意见》，确定三条主要改革路径：公司制股份制改革、国有企业股权比例结构优化、开放性市场化双向联合重组。② 重庆市也提出，用 3～5 年时间，使三分之二左右国有企业发展成为混合所有制企业，适宜上市的企业和资产力争全部上市。③ 另据《人民日报》报道，广东省将继续推进混合所有制改革，2017 年混合所有制企业户数比重将超过 60%。④

有些央企也主动提出实行混合所有制改革。中石化拟对油品销售业务板块进行重组，引入社会和民营资本参股，实现混合所有制经营，其中，社会和民营资本比例不超过 30%。到 2014 年 9 月，这项工作已经取得初步成果，已有 25 家境内外投资者出资 1 071 亿元取得中石化旗下中国石化销售公司 29.99%的股权。其中民营资本 11 家，投资金额 382.9 亿元，占比 35.8%。⑤ 中国电力投资集团公司也将在 2014 年启动混合所

① 晓甘．国民共进——宋志平谈混合所有制．北京：企业管理出版社，2014.
② 上海拟立规推动国企混合所有制改革．中国网（china.com.cn），2014－05－06.
③ 重庆国资改革方案出炉：三分之二国企发展混合所有制．第一财经日报，2014－05－09.
④ 广东将全面推进混合所有制经济改革．人民日报，2014－08－06.
⑤ 谁参与了中石化混改盛宴．第一财经日报，2014－09－15.

有制改革，允许民资参股部分中电投旗下子公司和建设项目，民资参股比例将达三分之一。①

可以设想，通过这一轮混合所有制改革后，中国国有企业将改变为如下格局：保留极少数国有独资企业如国有资本投资公司、运营公司、重要公益性企业等；垄断行业一般将发展为混合所有制企业，其中自然垄断环节国有资本控股，今后一段时间还要绝对控股，非自然垄断环节国有资本控股或参股；竞争性行业一般都实行混合所有制经营，国有资本可以控股或参股，参股的也可以采取国有资本投资公司持有优先股的办法，有些也可以退出。

三、积极发展混合所有制经济，要求以管资本为主完善国有资产管理体制

《决定》指出："完善国有资产管理体制，以管资本为主加强国有资产监管，改革国有资本授权经营体制，组建若干国有资本运营公司，支持有条件的国有企业改组为国有资本投资公司。"② 这意味着国资委的职能将发生重大变化：从以管国有企业为主向以管国有资本为主转变，主要致力于国有资本的优化配置，更好地服务于国家战略目标。积极发展混合所有制经济，要求国资委对我国庞大的国有资本进行动态管理，要求国资委从以管企业为主向以管资本为主进行职能转换。

推进混合所有制改革后，可以想象国有资产监管机构就不需要将主要精力用来管理所监管的国有企业了，例如，国资委就可以逐步不去对

① 中电投将启动混合所有制改革．经济参考报，2014-03-18.

② 中共中央关于全面深化改革若干重大问题的决定．北京：人民出版社，2013.

110多家央企每年进行考核，包括选择经理层，给他们评级打分，决定企业管理人员的薪酬和企业工资总额，决定企业的投资和并购重组等，而是集中精力管好为数不多的国有资本运营公司和投资公司，由国有资本运营公司和投资公司向控股参股企业派出股东代表和董事，不断优化资本配置。各混合所有制企业依据公司法组织股东会、董事会、监事会，有条件的可以实行董事会由外部董事占多数并由外部董事任董事长，建立规范的协调运转、有效制衡的公司法人治理结构，由董事会确定本企业的发展战略、目标，聘请职业经理人进行经营管理，在市场上平等竞争，优胜劣汰。这就使企业包括国有控股企业不必事事请示国资委，国资委也只当“老板”即出资人或股东，不当“婆婆”。

有专家估计，目前我国国有资产80%在竞争性行业，太高了，其中还有不少是一般竞争性行业如房地产业（不含保障性住房），今后需要按照《决定》明确提出的国有资本投资运营的五个重点领域进行有进有退的调整，争取到2020年80%以上国有资本集中到五个重点领域。这五个重点领域即提供公共服务、发展重要前瞻性战略性产业、保护生态环境、支持科技进步、保障国家安全的领域，比1999年党的十四届五中全会确定的国有经济需要控制的四大领域（涉及国家安全的行业、自然垄断的行业、提供重要公共产品和服务的行业、支柱产业和高新技术产业中的重要骨干企业）更加具体和明确。比如，党的十四届五中全会的相关文件说国有经济要控制自然垄断的行业，这次则明确提出对自然垄断行业中竞争性业务要放开，这就为自然垄断行业发展混合所有制打开了广阔的天地。此外，这次把保护生态环境列为国有资本投资的五个重点领域，表明党和政府针对这些年来生态环境恶化而提出加强生态文明建设的决心是很大的，举措是有力的。

看来，今后需要很好地界定各类国有资本的功能。总的来说，国有资本可以分为公益性资本、收益性或商业性资本、介乎两者之间或两者兼有资本三大类。《决定》提出，“国有资本加大对公益性企业的投入，在提供公共服务方面作出更大贡献。”[①] 公益性资本主要投资于提供公共服务和保障领域，包括基础设施、基础产业普遍服务等；收益性资本主要投资于重要竞争性产业和技术创新等领域，包括投资于引领科技进步、具有国际竞争力、进入世界500强的大型企业。与上述资本功能相适应，组建若干国有资本运营公司和投资公司，分别制定不同类公司对各个混合所有制企业的出资和投资方式，确定或提出它们的经营目标和考核体系。例如，对公益性资本运营公司，就不能以资本增值作为主要考核指标，而应着重在成本控制、服务质量等方面提出要求。对于既有收益性又有公益性或政策性业务的公司或企业，要逐步分开这两类业务，比如，像21世纪初几家国有大型银行那样，把政策性业务分离出去，然后整体上市。一时难以分离的，也要对两类不同的业务进行分账核算和管理。这些都需要在不断总结实践经验基础上认真研究和逐步完善。

四、积极发展混合所有制经济能更好地促进非公有制经济健康发展

改革开放特别是1992年确立社会主义市场经济体制改革目标后，我国个体、私营等非公有制经济获得迅速发展。到2012年，个体、私营等非公有制经济对GDP的贡献率已超过60%，占全社会固定资产投资的比重也超过60%，对国家税收的贡献率超过70%，对就业岗位的贡献率

① 中共中央关于全面深化改革若干重大问题的决定．北京：人民出版社，2013.

则超过 80%。

2013 年，党的十八届三中全会《决定》对非公有制经济在社会主义市场经济中的地位和作用更加肯定，明确指出，“公有制经济和非公有制经济都是社会主义市场经济的重要组成部分，都是我国经济社会发展的重要基础。”[①] 这就为非公有制经济的发展提供了更为广阔的空间。积极发展混合所有制经济，将有力地促进非公有资本在参与国有企业改革等方面发挥更大的作用。《决定》明确指出，“鼓励非公有制企业参与国有企业改革，鼓励发展非公有资本控股的混合所有制企业，鼓励有条件的私营企业建立现代企业制度。”还提出，“扩大金融业对内对外开放，在加强监管前提下，允许具备条件的民间资本依法发起设立中小型银行等金融机构。”“制定非公有制企业进入特许经营领域具体办法。”[②] 积极发展混合所有制经济，可以使非公有资本和国有资本在一个企业或公司内部实现同等使用生产要素，受到同等的产权保护，公平受益，一荣俱荣，一损俱损，因而对民间资本的发展壮大是有利的。民间资本进入混合所有制企业后，将依法享有自己的话语权，并在规范的法人治理结构下参与企业治理，在约定条件下做到资本进出自由等。

有人担心，这次混合所有制改革会成为非公有制经济瓜分国有资产的盛宴。这种担心是不必要的。在经过三十多年改革开放后，当前中国的法治环境已有很大改善，各项经济活动必须依法依规进行。国有企业推进混合所有制改革，首先必须对国有资产价格进行客观合理评估，而且要公开透明，不允许暗箱操作，不能自买自卖。国有资产评估适当，就不会造成流失。还要看到，目前中国正在进行声势浩大的反腐败斗争，各项监管和审计工作正在加强，这也可以使某些人瓜分国有资产的图谋

①② 中共中央关于全面深化改革若干重大问题的决定．北京：人民出版社，2013.

难以得逞。

也有人担心，这次混合所有制改革主要对非公有制经济有利，会造成混合所有制为主体，影响公有制的主体地位。这种担心也是不必要的。党的十五大在确立基本经济制度时，对公有制主体地位的含义有非常明确的规定，指出公有制的主体地位主要体现在：公有资产在社会总资产中占优势；国有经济控制国民经济命脉，对经济发展起主导作用。现在，我国国有工商企业资产、金融资产、城市土地资产、自然资源资产、农村集体所有土地资产等公有资产，在社会总资产中占有绝对优势，国有经济牢牢控制着国民经济命脉并对经济发展起主导作用，这恐怕是不会有人怀疑的。最近，有文章对我国公有资产占全部资产的比例进行估算，得出的结论是：截至 2012 年，我国三次产业经营性总资产约为 487.53 万亿元（含个体工商户资产），其中公有制经济的经营性资产规模是 258.9 万亿元，占 53%。[①] 如果加上非经营性资产，则公有资产的占比还会有相当幅度的提高。因此，我国到目前为止公有制为主体的地位是巩固的，没有受到动摇。还要看到，经过三十多年的改革开放，中国所有制结构的调整已开始进入相对稳定的时期，公有制经济和非公有制经济对 GDP 的贡献也处于相对稳定的时期，有时公有制经济对 GDP 的贡献率也可能是上升的，而不只是下降的。如从 2009 年起，公有制经济对 GDP 的贡献率，已由当年的 29.94%上升到 2012 年的 32.41%，而非公有制经济对 GDP 的贡献率则由 70.06%下降到 67.59%。[②] 出现这种情况，当然同那几年政府实行扩张性财政政策、采取大规模的经济刺激措施、国有投资大幅度增加有关，但毕竟表明非公有制经济对 GDP 的贡献率并不是一直上升的，而是到了有可能下降的时候。

---

①② 裴长洪．中国公有制主体地位的量化估算及其发展趋势．中国社会科学，2014（1）．

总之，积极发展混合所有制经济，既为深化国有企业改革、国有资本战略性调整进一步指明了方向，也为非公有资本参与国有企业改革改组、与其他资本平等竞争进一步指明了方向，是今后完善公有制为主体、多种所有制经济共同发展的基本经济制度的重要着力点。

原载《经济理论与经济管理》，2014（12）

国有资本应逐步向五个重点领域集中

张卓元

党的十八届三中全会《决定》指出，“完善国有资产管理体制，以管资本为主加强国有资产监管”“国有资本投资运营要服务于国家战略目标，更多投向关系国家安全、国民经济命脉的重要行业和关键领域，重点提供公共服务、发展重要前瞻性战略性产业、保护生态环境、支持科技进步、保障国家安全”。强调国有资本要向提供公共服务等五个重点领域集中，进一步明确了国有经济、国有资本的定位和功能，为深化国有资产管理体制改革指明了方向。

上述引语出现在《决定》关于“积极发展混合所有制经济”的论述中。按照《决定》的精神，我们要积极推进混合所有制改革、发展混合所有制经济，而混合所有制经济是以资本为纽带组建的。这就决定了今后国有资产监管机构应以管资本为主，集中精力管好为数不多的国有资本运营公司和投资公司，由国有资本运营公司和投资公司向控股参股企业派出股东代表和董事，在服务国家战略目标的前提下进行资本优化配置，实现社会效益和经济效益最大化。《决定》还要求“国有资本加大对公益性企业的投入，在提供公共服务方面作出更大贡献”。这就是说，对公益性企业是不能以资本保值增值作为主要考核指标的，而应着重在成本控制、服务质量等方面提出要求。

《决定》关于国有资本投向五个重点领域的论述，比 1999 年党的十五届四中全会《中共中央关于国有企业改革和发展若干重大问题的决定》的论述更为具体和明确。比如，党的十五届四中全会《中共中央关于国有企业改革和发展若干重大问题的决定》提出的国有经济要控制的四大行业和领域，包括了自然垄断的行业。党的十八届三中全会《决定》则明确指出，国有资本继续控股经营的自然垄断行业，根据不同行业特点实行网运分开、放开竞争性业务。把保护生态环境列为国有资本投资的重点领域之一，又比 1999 年的四大领域有进一步扩展。

由于国资委以管资本为主、致力于资本优化配置，可以想象今后国有资本的流动性将逐步增强。国有企业在进行混合所有制改革时，可能不像有人主张的那样以增量改革为主，而应同样重视存量改革。一方面，垄断行业逐步放开大量竞争性业务，出售存量资产，以增强企业发展后劲，或者加强自然垄断环节如网络及其安全建设；另一方面，竞争性行业除重要骨干企业仍然需要国有资本控股（应尽量相对控股或由多家国有企业共同控股）外，非重要骨干企业可逐步减持持股比例，用于投向五个重点领域，或者充实社会保障基金，这有利于混合所有制企业完善法人治理结构。目前我国仍有大量国有资产集中在竞争性行业，而且其中不少集中在一般竞争性行业如房地产业（不含保障房）。应按照《决定》的精神进行有进有退的调整，争取 80%以上的国有资本集中在《决定》指出的五个重点领域。

有学者主张国有企业和国有资本回归公益性，这有一定道理，但目前看来很难完全做到。我国还是一个发展中国家，处在赶超发达国家的阶段，需要建设一批投资巨大、建设周期较长、回收慢的基础设施项目和高精尖科技项目，为实现工业和经济现代化打下基础，而这些项目的建设需要国有企业发挥独特作用。比较现实的做法是，国有资本逐步加大对公益性企业的投入，包括对生态环境保护的投入，在提供公共服务方面作出更大贡献；同时，着重对科技进步给予支持和投入，推动重要前瞻性战略性产业发展。比如，大力发展高新技术产业，用高新技术改造传统产业，促进我国制造业向产业链两端延伸；大力推动各类企业技术创新。这当中自然包括一些竞争性行业企业，所以要求国有经济完全退出竞争性行业并不现实。事实上，外国政府对技术创新的支持力度也很大。我国要加快经济转型和发展方式转变，不仅需要政府大力支持科技进步、增加科技投入，而且需要国有资本加大对科技进步的支持力度，以实现创新驱动。改革开放以来，我国国有资本数量不断增加，实力逐步增强。2013 年年末，国有企业所有者权益达 37 万亿元。相信国有资本按照《决定》的部署逐步向五个重点领域集中，必将更好发挥功能、提高运作效率，带动整个社会资本运作效率的提高，促进经济持续健康发展。

原载《人民日报》，2015－02－10

积极推进国有企业混合所有制改革

张卓元

2014年年底举行的中央经济工作会议，专门讲到国有企业改革问题，提出“推进国企改革要奔着问题去，以增强企业活力、提高效率为中心，提高国企核心竞争力，建立产权清晰、权责明确、政企分开、管理科学的现代企业制度”。国有企业的混合所有制改革，是推进国有企业改革的重要方面。十八届三中全会通过的《中共中央关于全面深化改革若干重大问题的决定》（以下简称《决定》）提出积极发展混合所有制经济后，理论界和经济界对这个问题有很多讨论，实践中许多地方和国有企业都在积极推进混合所有制改革并取得成效。下面拟就此问题发表一些个人看法。

一、积极发展混合所有制经济是十八届三中全会《决定》的一个亮点

十八届三中全会《决定》提出的60个改革

项目中，第（6）个专门讲积极发展混合所有制经济。《决定》提出："国有资本、集体资本、非公有资本等交叉持股、相互融合的混合所有制经济，是基本经济制度的重要实现形式，有利于国有资本放大功能、保值增值、提高竞争力，有利于各种所有制资本取长补短、相互促进、共同发展。允许更多国有经济和其他所有制经济发展成为混合所有制经济。国有资本投资项目允许非国有资本参股。允许混合所有制经济实行企业员工持股，形成资本所有者和劳动者利益共同体。"这是《决定》的一个亮点。这里所说的混合所有制经济指的是微观经济主体即企业或者公司，是由不同所有制资本共同持股的，也就是特指不同所有制资本共同持股的股份制企业或公司，这同一个社会里有多种经济成分并存的含义是不同的。混合所有制经济是混合所有制企业的统称。为什么《决定》要突出讲积极发展混合所有制经济？我体会，其目的是经过三十多年改革开放后，我国国有资本、集体资本、非公有资本都有巨大发展。据财政部材料，2013 年年底国有企业所有者权益 37 万亿元。2012 年私营企业注册资本 31 万亿元，外商投资企业注册资本 15 万亿元。2014 年居民储蓄存款近 50 万亿元，其中有相当一部分可以转化为投资。积极发展混合所有制经济，就是为了进一步完善基本经济制度，更好地发挥各种所有制资本的优势，提高运营效率，从而促进经济持续增长。有一位央企企业家说过，央企实力加民营企业活力等于企业竞争力。所以，国有资本和民营资本实现优势互补，就能提高全部资本的运营效率和竞争力，并能促进我国经济转型。

发展混合所有制经济，还为深化国有企业改革进一步指明了方向。党中央在 1993 年就确定了国企改革的方向是建立现代企业制度，以后又明确指出股份制是公有制的主要实现形式，要求国企尽可能引入非国有战略投资者，实现投资主体多元化。但是，这方面进展不够快，有时还会走偏，比如前两年，一些地方国企热衷于高攀央企，与央企合资。发展混合所有制经济则明确要求国企尽可能引入非国有资本，最好是引入非国有资本作为战略投资者，以利于建立规范的公司法人治理结构，形成新的机制。可以认为，国有企业建立现代企业制度要一步一步前进，第一步是建立公司制，但公司制可以是国有独资公司；进一步是建立股份制，但股份制可以都是国有股；再进一步是建立混合所有制，使国有企业真正改革成为投资主体多元化的现代股份公司。通过一步步改革，可以使国有企业更加适应社会主义市场经济。

二、竞争性行业国企怎样推进混合所有制改革

积极推进国有企业的混合所有制改革，在竞争性行业，主要是完善股权结构和公司治理，探索企业员工持股。目前大量处于竞争性行业的国有企业，都已先后实行了股份制，其中不少已经上市。但仍需进一步深化混合所有制改革。

2014 年 7 月 15 日，国务院国资委宣布在中央企业启动发展混合所有制经济试点，并确定中国医药集团总公司、中国建筑材料集团公司为试点。这两家公司都是在前一段时间股份制和混合所有制改革中搞得比较好的。比如中国建筑材料集团公司，到 2013 年年底，总资产 3 600 亿元，净资产 660 亿元，其中国有资本 220 亿元，民营资本和社会资本 440 亿元，当年实现 2 570 亿元营业收入和 123 亿元利润。中国建筑材料集团公司已成为全球第二大建材企业，进入《财富》世界 500 强。2009 年，哈佛商学院将中国建筑材料集团公司水泥产业大规模重组的经验纳入其教学案例。[①] 就是这么一个比较优秀的大企业，为何还要继续进行混合所有制改革呢？我想其改革要解决如下几个问题：一是股份公司上

① 晓甘．国民共进——宋志平谈混合所有制．北京：企业管理出版社，2014．

面的集团公司仍然是国有独资，这与现有 110 多个央企中的绝大部分一样，上面的母公司都是国有独资的，这些母公司将来可能要分类合并重组为一些国有资本投资公司。二是完善股权结构和治理结构，按照中国建筑材料集团公司董事长的设想，现在国有股占三分之一，比较合适的是减少到占 20%～25%。这有利于完善公司法人治理结构。少数支柱产业和高新技术产业中的重要骨干企业，需要国有资本控股的，也不一定都由国有资本绝对控股，有的也可以实行相对控股，或者由几家国有企业共同出资控股。这也有利于健全协调运转、有效制衡的公司法人治理结构。同时董事会应当有战略决策权，董事会通过市场化选聘职业经理人负责公司经营管理。三是按照十八届三中全会《决定》的精神，逐步实行员工持股，形成资本所有者和劳动者利益共同体，健全激励机制。以上是比较重要的三项改革举措。

有专家提出，在竞争性领域，特别是一般竞争性领域，国有股占比太高的，要适当减持国有股，不要一股独大。有的也可以采取国有资本投资公司持优先股的办法，放手让民营企业家去经营管理混合所有制企业。我以为这是可以研究和探索的。十八届三中全会《决定》说过，“鼓励发展非公有资本控股的混合所有制企业”，所以并不是所有的混合所有制企业都要以公有制为主体、都要由公有资本或者国有资本控股。

三、积极推进垄断行业国有企业混合所有制改革

十八届三中全会《决定》指出，“国有资本继续控股经营的自然垄断行业，实行以政企分开、政资分开、特许经营、政府监管为主要内容的改革，根据不同行业特点实行网运分开、放开竞争性业务，推进公共资源配置市场化。进一步破除各种形式的行政垄断。”随着科技进步，垄断

行业中有越来越多的业务成为非自然垄断环节（非网络部分），属于竞争性业务，完全可以放开市场准入，开展竞争，提高资源配置效率。这些年对于垄断行业要不要放开非自然垄断环节的市场准入，一直争论不休。十八届三中全会上面的一段话对此作出了肯定的回答。可能有的单位和企业到现在还没有完全想通，但改革的大趋势是不可逆转的。不仅如此，在我看来，垄断行业放开竞争性业务，进行混合所有制改革，是今后中国国企改革的最重要内容。

在此背景下，我对中石化 2014 年推出的销售板块吸引社会资本参股、搞混合所有制改革的做法是持肯定态度的。中石化 2014 年把油品等销售板块拿出 29.99%的股权，作价 1 071 亿元出售，经过竞拍，有 25 家境内外投资者购买，其中民营企业 11 家，投资总额 382.9 亿元，占 35.8%。国有资本如中国人寿等也买了不少，也有外资参股。[①] 据中石化介绍，它要将卖出的 1 000 多亿元投向油气勘探等领域，以增强公司发展后劲。它聘请了国内外知名评估机构和投资银行对其拟出让资产进行评估，竞价销售。将来中石化销售板块将单独成立公司经营，并争取上市。中石化为此做了两年准备，十八届三中全会《决定》出台后增强了它的信心。我认为中石化的做法是符合十八届三中全会《决定》的精神的。对中石化的这一改革，有人指责其不合程序抢先搞改革，也有人评价不高，主要认为混改后，中石化仍占 70%的股权，还是绝对控股，一股独大，民营资本进去后没有多少发言权，至多可以分到一些利润。后面这个批评有一定的道理。但是我认为改革是要逐步推进的，很难一步到位。目前所做的总体上是符合市场化改革方向的，是在垄断行业中开始放开非自然垄断环节的市场准入。但是改革并非到此为止。十八届

① 谁参与了中石化混改盛宴．第一财经日报，2014－09－15.

三中全会《决定》说，今后国有资本要更多投向五个重点领域（提供公共服务、发展重要前瞻性战略性产业、保护生态环境、支持科技进步、保障国家安全），因此，可以预计，中石化对油品销售板块的持股比例总的趋势是要逐步减少的，不是一成不变的。有专家认为，国有企业搞混合所有制改革应当主要是增量改革而非存量改革。但是，像中石化这样在销售板块引进非国有资本的混合所有制改革，则是真正的存量改革，而且今后垄断行业放开竞争性业务的改革也有可能主要是存量改革。

还要看到，即使是自然垄断环节，有的也是可以在一定程度上引入竞争机制的。比如一些公用事业，就可以通过采取特许经营等方式使其具有一定的竞争性。对此，十八届三中全会《决定》还特地提到“制定非公有制企业进入特许经营领域具体办法”。

国有企业推进混合所有制改革，为防止国有资产流失，最重要的是对国有资产价格进行科学合理评估，且要公开透明，如在产权市场进行交易，不能搞暗箱操作。要找有资质的第三方评估机构进行评估，用公允价值进行评估，而且最好找几家评估机构进行评估和比较。最后是要进行竞价拍卖，如像中石化销售板块那样，有上百家企业申购，最终确认卖给其中的25家。现在看来，对央企来说，请第三方评估资产和公开招标拍卖不难做到，在当前会计审计制度逐步完善和反腐败斗争深入开展的大环境下，那些趁混改侵吞国有资产的企图是不容易得逞的。

由上可见，随着改革的深化，特别是混合所有制改革的推进，将会有越来越多像中石化这样的大型央企逐步把非自然垄断环节的资产同非国有资本联合，这就使资本的流动越来越频繁，涉及国有资产产权交易的经济活动越来越多。这也就更加需要强化资产评估机构作为独立第三方的价值尺度功能，发挥资产评估的价值发现作用。

四、以管资本为主完善国有资产管理体制

十八届三中全会《决定》在论述积极发展混合所有制经济部分时，专门提出要“完善国有资产管理体制，以管资本为主加强国有资产监管，改革国有资本授权经营体制，组建若干国有资本运营公司，支持有条件的国有企业改组为国有资本投资公司”。国有企业推进混合所有制改革以后，自然而然地要求国有资产监管机构要从以管企业为主向以管资本为主转变，这意味着国资委的职能将发生重大变化，从以管企业为主转变为以管资本为主，两字之差，含义深远。按照十八届三中全会《决定》的精神，今后国资委主要将致力于国有资本的优化配置，逐步增强国有资本的流动性，更好服务于国家战略目标。可以想象，国资委将不需用主要精力去管 110 多家中央企业，包括选择经理层，给他们评级打分，决定企业管理人员的薪酬和工资总额，以及决定企业的投资和并购重组等，而是集中精力管好为数不多的国有资本投资公司和运营公司，由国有资本投资公司和运营公司向控股参股公司派出股东代表和董事。公司的重大决策由董事会作出，即由董事会决定本公司发展战略、目标，市场化选聘职业经理人进行经营管理，在市场上平等竞争，优胜劣汰，不必再事事请示国资委，真正做到国资委只当“老板”，不当“婆婆”。总之，国资委和企业的关系，要从行政隶属关系转变为股东（通过国有资本投资公司和运营公司）和企业的关系。

十八届三中全会《决定》指出，“国有资本投资运营要服务于国家战略目标，更多投向关系国家安全、国民经济命脉的重要行业和关键领域，重点提供公共服务、发展重要前瞻性战略性产业、保护生态环境、支持

科技进步、保障国家安全。”又说，“国有资本加大对公益性企业的投入，在提供公共服务方面作出更大贡献。”这五个重点领域比 1999 年党的十五届四中全会确定的国有经济需要控制的四大领域（涉及国家安全的行业、自然垄断的行业、提供重要公共产品和服务的行业，以及支柱产业和高新技术产业中的重要骨干企业）更加具体和明确。比如，1999 年的决定说国有经济要控制自然垄断的行业，这次则明确指出自然垄断行业中竞争性业务要放开。此外，这次把保护生态环境作为国有资本投资重点领域之一，也比 1999 年的四大领域有进一步的扩展。

有的专家主张国有企业和国有资本回归公益性，这有一定的道理，但是现阶段看来还很难做到。中国还是发展中国家，要赶超发达国家，还需要国有经济发挥其独特的作用。因此，比较现实的做法，可能是国有资本逐步加大对公益性企业的投入包括保护生态环境投入，在提供公共服务方面作出更大的贡献。与此同时，国有资本还要着重对科技进步给予支持和增加投入，推动企业技术创新和高新技术产业发展，包括努力发展重要前瞻性战略性产业。这其中也包括一些竞争性行业。所以笼统提国有经济退出竞争性行业是不现实的，也是不妥当的。我们看到，许多外国政府包括发达国家政府对技术创新、技术革命的财力支持力度也是很大的。我国正处于经济转型期，要加快转变经济发展方式，更需要国有资本加大力度支持创新驱动发展。

有专家估计目前我国国有资产 80%集中在竞争性行业，这个比例太高了，其中有不少是一般竞争性行业，如房地产业（不包括保障房），今后需要按照《决定》提出的五个重点领域进行有进有退的调整，争取 80%以上的国有资本集中在上述五个重点领域。今后，像竞争性行业、非自然垄断环节的混合所有制企业中，国有资本的比例可以逐步减少，着力加强五个重点领域。这也有助于解决许多混合所有制企业国有股一股独大的问题；而且这也是国资委今后工作的一个重要方面，需要搞一个规划或施工图，以落实《决定》的要求。

原载《中国浦东干部学院学报》，2015（2）

清理僵尸企业成为国企改革重头戏

记者　卢晓平

李克强总理在政府工作报告中提出大力推进国有企业改革。今明两年，要以改革促发展，坚决打好国有企业提质增效攻坚战。这场攻坚战如何打？难点在哪？

针对这些问题，著名经济学家、中国社会科学院学部委员、孙冶方经济科学基金会荣誉理事长张卓元，昨日接受了上证演播室的专访。

张卓元认为，去产能、清理僵尸企业就是深化国有企业改革的一部分。而国资监管机构职能从以管企业为主到以管资本为主的重大转变，将更有利于深化国企改革。

清理僵尸企业也是深化国企改革

《上海证券报》：政府工作报告提出要大力推进国有企业改革，这个改革的内涵有哪些？

张卓元：在政府工作报告关于大力推进国有

企业改革的表述中，最鲜活的内容是“三个一批”，即创新发展一批、重组整合一批、清理退出一批。其中，最重要的是“清理退出一批”，也就是去产能，清理僵尸企业。2015 年年底召开的中央经济工作会议确定的 2016 年五大重点任务中，去产能也排在第一个，成为最主要的任务。严格来说，要清理僵尸企业，主要事涉国有企业。因为民营企业经营不善，市场就会自动出清。因此，去产能、清理僵尸企业就是深化国有企业改革的一部分。

《上海证券报》： 去产能、清理僵尸企业的难点在哪里？

张卓元： 难点在于职工安置工作。要有序退出过剩产能；采取兼并重组、债务重组或破产清算等措施，积极稳妥地处置僵尸企业。政府工作报告还明确，中央财政安排 1 000 亿元专项奖补资金，重点用于职工分流安置。这表明政府在积极主动地解决此项工作的后顾之忧。

《上海证券报》： “清理退出一批”是否意味着个别大央企也会退出？

张卓元： 不是大企业要整体退出，主要还是央企下面的一些长期亏损且扭亏无望的企业和一些地方国企要退出。在 100 多家央企里面，有子企业、孙企业上万家，其中有不少是僵尸企业。如钢铁、有色金属、煤炭、建材等行业的部分央企，下面就养了一些僵尸企业。

国资委职能转变有利于国企改革

《上海证券报》： 政府工作报告将“以管资本为主推进国有资产监管机构职能转变”作为“大力推进国有企业改革”的任务之一，深意在哪里？

张卓元： 推进国资委职能转变，是国企改革的关键环节。

我国成立专门机构对国有资产进行管理是从 1988 年开始的。当年，国家设立了国有资产管理局，探索由专门机构统一负责国有资产基础管理等工作。

2002 年，党的十六大提出了改革国有资产管理体制的任务，决定“建立中央政府和地方政府分别代表国家履行出资人职责，享有所有者权益，权利、义务和责任相统一，管资产和管人、管事相结合的国有资产管理体制”，“中央政府和省、市（地）两级地方政府设立国有资产管理机构”。

从此，初步改变了原来工商企业“内部人控制”、既“九龙治水”又无人对国有资产负责的局面，在一定程度上解放了生产力，促进了国有经济的发展。但也要看到，政企不分、政资不分问题依然没有很好解决，国有企业的市场主体地位尚未很好确立，国有资产监管工作也存在越位、错位、缺位等问题。

2015 年 8 月，《中共中央、国务院关于深化国有企业改革的指导意见》提出：“以管资本为主推进国有资产监管机构职能转变。”

《上海证券报》：这种转变的核心是什么？

张卓元：国资委要实现以管企业为主向以管资本为主的转变，短时期难以适应是很自然的。这需要逐步积累经验，还要借鉴国外有益做法。最近，国资委宣布 2016 年有 10 个改革试点等，这都可以看作是国资委落实向以管资本为主转变而采取的举措。

国有资本流动性将逐步增强

《上海证券报》：国有资本有多少？今后运作是什么态势？

张卓元：我国有庞大的国有资本，光是国有工商企业的资本总额就有近 38 万亿元，相当于年国内生产总值的一半多。如何布局好这笔巨额资本，提高其运营效率，更好地服务于国家的战略目标，对于我国社会主义市场经济的发展和健康运行具有重要意义。《中共中央、国务院关于深化国有企业改革的指导意见》为如何进一步优化国有资本配置、为国有经济和国有资本的定位与功能指明了方向。

国资委在向以管资本为主转变后，将致力于资本的优化配置，可以想象，今后国有资本的流动性将会逐步增强。国有企业在推进建立混合所有制企业时，也就可能不像有的专家主张的那样以增量改革为主，而是同样重视存量改革。一方面，垄断行业要逐步放开大量竞争性业务，出售存量资产，以增强企业发展后劲，或者加强自然垄断环节，如网络及其安全建设等；另一方面，竞争性行业要逐步减少国有资本的持股比例（除重要骨干企业外），用于投向重点领域，充实社会保障基金，这也有利于混合所有制企业完善法人治理结构，逐步改变国有股一股独大的现象。

原载《上海证券报》，2016－03－09

从“以管企业为主”到“以管资本为主”：国企改革的重大理论创新

张卓元

党的十八届五中全会和国家“十三五”规划纲要强调：深化国有企业改革，完善各类国有资产管理体制，要“以管资本为主加强国有资产监管”。这既为“十三五”时期完善国有资产管理体制和深化国有企业改革进一步指明了方向，也再次凸显了国有资产监督机构实现其职能从“以管企业为主”向“以管资本为主”转变这一国企改革理论创新的重大意义。本文在简要回顾这一理论创新提出的历程之后，分析了其重大理论与现实意义，在此基础上提出其实现路径的重要突破口。

一、从“以管企业为主”到“以管资本为主”的重大理论转变

我国成立专门机构对国有资产进行管理是从

1988年开始的。是年，国家在财政部下设了国有资产管理局，探索由专门机构统一负责国有资产基础管理等工作。2002年，党的十六大提出，要“建立中央政府和地方政府分别代表国家履行出资人职责，享有所有者权益，权利、义务和责任相统一，管资产和管人、管事相结合的国有资产管理体制”，“中央政府和省、市（地）两级地方政府设立国有资产管理机构”①。2003年以后，国务院及各省、市（地）政府相继成立国有资产监督管理委员会（以下简称国资委）。从此，初步改变了原来主要由工商企业“内部人控制”、既“九龙治水”又无人对国有资产负责的局面，在一定程度上解放了生产力，促进了国有经济的稳步发展。财政部数据显示，2004年12月末，全国国有及国有控股企业（以下简称国有企业）总资产和净资产分别为22.3万亿元和7.5万亿元；而到2015年12月末，相应数据分别跃升至119.2万亿元和40.1万亿元。与此同时，中国国有大型企业进入《财富》世界500强的越来越多。《财富》世界500强数据显示，2004年，中国大陆（不包括港澳台）企业进入《财富》世界500强的只有14家，其中居前50名的仅有一家，即排名第46的国家电网，2015年，进入《财富》世界500强的94家大陆企业中，有84家是国有企业，其中3家进入前十名，分别是位居第二的中国石化、第四的中国石油、第七的国家电网。

与此同时，也要看到，国有企业仍然存在一些亟待解决的突出矛盾和问题。例如，政企不分、政资不分问题依然没有很好解决，国有企业的市场主体地位尚未很好确立，国有资产监管工作也存在越位、错位、缺位等问题。最突出的问题是，国有资产监管机构既当国有企业的“老板”，又当国有企业的“婆婆”，国有企业大事小事都要请示国资委，企

① 江泽民．全面建设小康社会，开创中国特色社会主义事业新局面．人民日报，2002-11-18.

业或公司的董事会在很多情况下形同虚设，从而影响了企业的积极性和主动性，不能真正成为在市场上平等竞争的经济主体。而国资委也乐于当企业的“婆婆”，有权有利。这也影响国资委把精力更好地集中在如何在总体上优化国有资本的配置、提高国有资本的流动性、有进有退、更好地服务于国家战略目标等重大事项上。

针对以上问题，经济界和理论界在党的十八届三中全会前曾经有过讨论，也有提出用“管资本”代替“管控国有企业”的主张。[①] 2013 年，党的十八届三中全会顺应了这一主张，提出“以管资本为主加强国有资产监管”的重大理论创新思想。这次全会明确提出：坚持和完善基本经济制度，要“完善国有资产管理体制，以管资本为主加强国有资产监管，改革国有资本授权经营体制，组建若干国有资本运营公司，支持有条件的国有企业改组为国有资本投资公司”[②]。这意味着以后各级国资委职能和精力的一个重大转变，即由过去的将主要精力放在管控一个个国有企业，包括替它们选择经理层，每年给他们评级打分，决定管理人员的薪酬和工资总额，以及决定企业的投资和并购重组等，转变到以管资本为主，管好为数不多的国有资本投资和运营公司，由后者向控股参股企业派出股东代表和董事，不断优化资本配置。2015 年 8 月，《中共中央、国务院关于深化国有企业改革的指导意见》（以下简称《指导意见》）提出：“国有资产监管机构要准确把握依法履行出资人职责的定位，科学界定国有资产出资人监管的边界，建立监管权力清单和责任清单，实现以管企业为主向以管资本为主的转变。”[③] 至此，在党中央和国务院的官方文件中首次提出“实现以管企业为主向以管资本为主的转变”的新观点、

① 陈清泰．国企改革进入国资改革阶段．改革内参，2012（23）．

② 中共中央关于全面深化改革若干重大问题的决定．北京：人民出版社，2013.

③ 中共中央、国务院关于深化国有企业改革的指导意见．人民日报，2015-09-14.

新思想、新论断。

各级国资委要实现从“以管企业为主”向“以管资本为主”转变，把原本属于企业的经营权归位于国有及国有控股企业，是其职能的重大转变，涉及机构设置、人员配置、简政放权、利益调整等，在某种意义上是脱胎换骨的变革。可以说，这既是重大的理论创新，也是艰巨的历史任务。党的十八届五中全会对此再次进行了重点部署。2015 年 10 月，党的十八届五中全会通过的《中共中央关于制定国民经济和社会发展第十三个五年规划的建议》关于国有企业改革部分的内容虽然只有 178 个字，但其中涉及“以管资本为主”的部分就达到 37 个字之多。该建议强调：深化国有企业改革，要“完善各类国有资产管理体制，以管资本为主加强国有资产监管，防止国有资产流失”①。2016 年 3 月发布的国家“十三五”规划纲要再次强调，构建发展新体制，完善各类国有资产管理体制，要“以管资本为主加强国有资产监管，提高资本回报，防止国有资产流失”②。

二、从“以管企业为主”到“以管资本为主”的重大理论意义

国有资产监督机构实现其职能从“以管企业为主”向“以管资本为主”的转变，是深化国有企业改革的重大理论创新，具有重大的理论与现实意义。这既有利于推进政企分开、政资分开、所有权与经营权分开，有利于强化国有企业市场主体地位、激发国有企业活力，也有利于推进国有资本优化配置、向重点领域集中，还有利于维护国有资产安全、防

① 中共中央关于制定国民经济和社会发展第十三个五年规划的建议．北京：人民出版社，2015.

② 中华人民共和国国民经济和社会发展第十三个五年规划纲要．人民日报，2016－03－18.

止国有资产流失。

第一，有利于推进政企分开、政资分开、所有权与经营权分离。如前所述，国务院及各级地方政府国资委的成立，有力地促进了国有经济的稳步发展，但直到目前，政企不分、政资不分、所有权与经营权不分等问题依然没有得到很好解决，国有资产监管工作还存在越位、缺位、错位等问题。实现各级国资委职能从“以管企业为主”向“以管资本为主”的重大转变，有利于继续推进政企分开、政资分开、所有权与经营权分离，从而破除影响国有资本服务创新发展的体制机制弊端，推进国有资产监管新体制的形成。

第二，有利于强化国有企业市场主体地位、激发国有企业活力。经过三十多年的改革开放，公司制股份制成为国有企业的重要组织形式。截至 2016 年 3 月，全国 106 家中央企业基本上都实行了公司制股份制。“以管企业为主”的方式已经不适应国有企业组织形式的深刻变革，国有资产监督机构只有转向“以管资本为主”，才有可能落实国有企业董事会的法定作用，才有可能使国有企业真正成为自主经营、自负盈亏、自担风险、自我发展的独立的市场竞争主体，从而激发其发展活力。

第三，有利于推进国有资本优化配置、向重点领域集中。目前，国有资本还存在分布过宽、战线过长、集中度不够等突出问题，严重制约着国有经济主导作用的发挥。[①] 实现各级国资委职能从“以管企业为主”向“以管资本为主”重大转变，有利于紧紧围绕服务国家战略目标，优化国有资本重点投资方向和领域，推动国有资本向关系国家安全、国民经济命脉和国计民生的重要行业和关键领域、重点基础设施集中，向具有核心竞争力的优势企业集中。

---

① 张毅．以管资本为主加强国有资产监管．人民日报，2015－12－03．

第四，有利于维护国有资产安全、防止国有资产流失。长期以来，一些国有企业内部管理混乱，因侵吞贪污、关联交易、利益输送、违规决策导致国有资产流失现象时有发生。如 2015 年中央巡视组发现，在中国石化、中国海运、中船集团、神华集团、东风公司等央企，都不同程度存在搞利益输送和交换、关联交易谋利等突出问题。[①] 造成这一问题的原因固然很多，但不可否认的一点是，与此前的以管企业为主的体制弊端有很大关系。从“以管企业为主”向“以管资本为主”转变，有利于各级国资委集中精力加强国有资本经营管理全链条监管、落实国有资本监管责任、建立健全监督长效机制，从而确保国有资本安全运营、严防国有资产流失。

三、实现从“以管企业为主”向“以管资本为主”转变的重要突破口

对国有资产监管机构如何成功实现其监管职能从“以管企业为主”向“以管资本为主”转变，《指导意见》从“该管”与“不该管”两方面给出了比较明确的意见。《指导意见》提出：“该管的要科学管理、决不缺位，重点管好国有资本布局、规范资本运作、提高资本回报、维护资本安全；不该管的要依法放权、决不越位，将依法应由企业自主经营决策的事项归位于企业，将延伸到子企业的管理事项原则上归位于一级企业，将配合承担的公共管理职能归位于相关政府部门和单位。”[②] 在实践中，我们认为，其重要突破口是要加强国有企业董事会建设，完善其法人治理结构，让董事会发挥自主经营决策的核心作用。

① 陈治治．关联交易是痼疾，顶风违纪仍频发．中国纪检监察报，2015－02－07.

② 中共中央、国务院关于深化国有企业改革的指导意见．人民日报，2015－09－14.

现代企业制度的典型形态是现代公司制，主要是有限责任公司和股份有限公司。2003年党的十六届三中全会指出，按照现代企业制度要求，规范公司股东会、董事会、监事会和经营管理者的权责，形成权力机构、决策机构、监督机构和经营管理者之间的制衡机制。董事会在公司法人治理结构中处于十分重要的地位，发挥着重要作用。《中华人民共和国公司法》对有限责任公司和股份有限公司的设立和组织机构及这些机构的职责有明确的规定，明确董事会行使11个职权，包括执行股东会的决议，决定公司的经营计划和投资方案，制订公司的年度财务预算方案、决算方案，制订公司的利润分配方案和弥补亏损方案，制订公司合并、分立、解散或者变更公司形式的方案，决定公司内部管理机构的设置，决定聘任或者解聘公司经理及其报酬事项，制定公司的基本管理制度等。[①] 董事会能否充分发挥作用，在很大程度上决定着公司治理的有效性，决定着现代企业制度建设的成败。为此，早在2004年，国务院国资委即着手在中央企业中建立规范的董事会试点工作，包括聘任外部独立董事，并确定了宝钢集团、神华集团、国旅集团、诚通集团等7家企业作为第一批试点企业。

以2005年10月宝钢集团作为第一家启动试点工作的企业为标志，尽管中央企业董事会试点工作取得一定成效，但总体而言，进展并不尽如人意。一方面，试点工作进程缓慢。按国务院国资委的最初设想，“2007年底前，除主要执行国家下达任务等决策事项较少的企业外，中央企业中的国有独资公司和国有独资企业均应建立董事会”。然而，试点10年已经过去，直到2015年12月底，试点中央企业仍不过85家，尚有21家中央企业没有开展试点工作。另一方面，董事会及外部董事形同虚

① 中华人民共和国公司法．北京：中国民主法制出版社，2005.

设。由于国有资产监督机构一直以管企业为主，经常代替企业董事会进行决策，包括选聘经营层及决定其薪酬，审批企业的资产重组、融资、产权转让、投资等经营活动。这在相当程度上使董事会成为“花瓶”，不能发挥决策作用。董事会的法定作用受到极大的限制，外部独立董事的作用自然也受到极大限制，成为花瓶中的花瓶，所以至今无法落实1999年党的十五届四中全会提出的董事会对公司的发展目标和重大的经营活动作出决策的规定。

“十三五”时期，应从两个方面加强国有企业董事会建设。一是要加快推进董事会试点进程，力争未来两年内在所有中央企业全覆盖，并总结出一套可以推广的经验，在省一级国有企业广泛推广，在2020年之前实现中央和省级所有国有企业全部建立规范的董事会工作机制。二是国有资产监督机构要真正放权，让国有企业董事会及外部董事真正发挥作用。董事会要集中精力抓大事做决策，如对公司的发展目标和重大经营活动作出决策、聘任经营者并对其业绩进行考核和评价等，具体执行则由经理层落实，同时发挥监事会对企业财务和董事、经营者行为的监督作用。

原载《新视野》，2016（3）

四

供给侧结构性改革

供给侧改革是适应新形势的主动选择

——访著名经济学家张卓元

记者　马志刚

最近一段时间，“供给侧结构性改革”备受关注。中央经济工作会议对供给侧结构性改革做了重点部署，将其表述为“是适应和引领经济发展新常态的重大创新，是适应国际金融危机发生后综合国力竞争新形势的主动选择，是适应我国经济发展新常态的必然要求”。前不久审议通过的《中共中央关于制定国民经济和社会发展第十三个五年规划的建议》提出五大理念和若干重要规划建议，本质上体现的也是供给侧结构性改革问题、结构性改革思想。为什么供给侧结构性改革如此重要？是否意味着不用讲“三驾马车”了？推进供给侧改革要注意哪些问题？就此，本报记者日前专访了中国社会科学院学部委员、著名经济学家张卓元。

记者：这些年各方面对需求侧关注得多一些。此次中央强调着力加强供给侧改革，是出于什么现实考量？需求侧改革的边际效益、扩大内需的实际效果是否在递减？

张卓元：中央此次强调在适度扩大总需求的同时，着力加强供给侧结构性改革，给步入新常态的中国经济开出了一剂标本兼治的对症“药方”，具有开创性意义。以前我们曾为解决产能过剩等供给方面的问题提出过一些方案，但真正上升到供给侧改革层面，并下狠心解决供给侧问题，还是头一次。

供给侧改革是适应新形势的主动选择。对我国来说，新的形势是什么？从国内来说，首先一条应该就是我国经济发展进入新常态，靠增加要素投入的粗放式发展方式走到尽头了。现在一些城市的雾霾很严重，把居住在这些地方的人搞苦了。罪魁祸首是谁呢？说到底还是粗放式发展方式造成的。转变经济发展方式，就要对传统思维“说不”，为创新体制“叫好”，下决心推进结构性改革，把促进经济增长由主要依靠增加物质资源消耗转到主要依靠科技进步、劳动者素质提高、管理创新上来，向高端制造业进军，发展现代农业和服务业，向绿色要生产力。从国际优势比较来看，我国的廉价劳动力优势在减弱，这是个不争的事实。美国、德国等都在布局高端制造业，抢占科技制高点。我们要占据主动也要把劲儿用在这些方面。从世界趋势看，国际金融危机后综合国力竞争也愈发体现在知识、创新的竞争上。知识、创新主要是针对供给侧的。对企业来说，只有产品质量过硬、效率提高，才能在未来市场竞争中赢得主动。

供给侧改革还是解决我国经济运行中诸多突出问题的有效途径。这些年产能过剩比较严重，但并不是说所有产能都过剩，一些高端产能，比如集成电路、发动机等，我们短缺得很，风电设备总体过剩了，但控制系统、叶轮等零部件我们还需要进口。产能过剩与有效供给不足是并存的。要解决这个问题，只能在供给侧想办法。从更广泛的意义上说，我国供给体系未能适应需求的重大变化而作出及时调整，供给与需求不匹配、不协调，已经成为经济持续健康发展的“拦路虎”。过去的供给体系主要是面向低收入群体的，现在中等收入群体迅速扩大了，但供给没有跟上变化，产品的品质、品种、规格、安全性等远远满足不了变化了的消费需求。这也是近年“海淘热”涌现的深层原因。这是消费方面的。再看投资，有些产业的投资已经达到饱和峰值，像以往那样继续投会给经济造成很多问题。就出口而言，我国的供给体系总体上具有外向性，但受国际金融危机影响，外部需求明显减少，迫切需要供给体系作出改变。现在经济增速下行压力较大，与其说是周期性原因，不如说主要是结构性原因，即结构性失衡尤其是供给侧结构性失衡造成的。

从现实政策选择来说，供给侧改革也是我们的必然选择。正如您所说的，过去我们对需求侧关注得多一些。但现在的问题是，需求侧改革的边际效益在递减。以往我们也曾遇到过经济下行，多增加点投资，问题就解决了。如今情况更复杂了，一大笔钱投下去，促进经济增长的动静不大。“水多了加面，面多了加水”显然不行了。把改革的主攻点放到供给侧上，是一个巨大的理论和实践创新，必能更好地解决当前中国面临的现实问题。当然，讲供给侧不是说不重视需求侧了，供给与需求两手都得抓。

记者：我国供给体制主要存在哪些突出问题？对国民经济运行产生了哪些负面影响？如何改？

张卓元：中央经济工作会议提出明年结构性改革主要是抓好去产能、去库存、去杠杆、降成本、补短板五大任务。这五大任务在很大程度上揭示了我国供给体制和结构存在的突出问题。

产能过剩是当前供给侧的最大“痼疾”。传统产业和部分新兴产业都存在着产能过剩。传统产业中钢铁、水泥、电解铝、家电等的过剩尤为严重。产能过剩不可小觑，“一吨钢利润不如一公斤猪肉”就是对这种过剩后果的一种描述。一些人担心，这种情况如果任其发展，很可能形成恶性循环，将中国带入“铁锈时代”。“铁锈时代”是对部分发达国家20世纪70年代产能过剩导致厂房闲置、设备锈迹斑斑的一种形象说法。

房地产高库存是供给侧的另一个大“痛点”。据有关方面调研，我国人均住房消费水平已超中等收入国家，不少二、三线城市商品房出现比较严重的过剩，有的楼盘已经积压二三年卖不掉。随着各地楼市进行周期性调整，库存压力还有加大的迹象。国家统计局数据显示，截至2015年11月末，商品房待售面积近7亿平方米，而上年同期不足6亿平方米，一年陡增过亿平方米。房地产是关联性巨大的产业，是国民经济发展的重要行业。房地产库存长期高企，不仅会伤及整个市场，还会直接影响钢铁、水泥、装潢等众多相关行业的发展。如果处置不当，更会为金融风险埋下“种子”。

化解产能过剩，要按照企业主体、政府推动、市场引导、依法处置的办法，研究制定全面配套的政策体系，因地制宜、分类有序处置，妥善处理保持社会稳定和推进结构性改革的关系。要依法为实施市场化破产程序创造条件，加快破产清算案件的审理。要提出和落实财税支持、不良资产处置、失业人员再就业和生活保障以及专项奖补等政策，资本市场要配合企业兼并重组。要尽可能多兼并重组、少破产清算，做好职工安置工作。要严格控制增量，防止新的产能过剩。

去库存，光靠促进农民工市民化、深化户籍制度改革是不够的，还要深化住房制度改革，在供给一侧发力，使农民工和有改善需求的城乡居民形成在城镇买房和长期租房的预期。

无论是化解过剩产能也好，去库存也罢，目的不仅仅是为了当期的经济增长，更主要的是优化供给结构、提高供给体系的质量和效率，实质上都是供给侧的改革措施。

记者：高成本是供给侧的致命伤。如何看待企业生产经营成本问题？如何通过改革来解决？

张卓元：企业成本高是个大问题。这些年来，我们在降低企业成本上下了很大功夫，为企业发展创造了良好的政策环境。但一个不容否认的事实是，实体经济企业成本高企的问题仍十分突出。这不仅表现在劳动力、水等成本呈现趋势性上升上，而且表现在融资、流通等成本长期居高不下上，还表现在一些隐性收费项目屡禁不止上。前不久，一个朋友家的孩子谈办企业的感受，总体上还是认为现在企业负担有些重，一些窗口部门办事人员甚至故意难为企业，给企业增加了负担。在经济上行周期、市场环境好时，成本高一点低一点，企业还可以忍受。但现在国外市场需求疲软、国内经济又面临“三期叠加”的压力，过高的成本会给企业带来巨大负担。“拉弗曲线”有一个转折点，在此点之下，即在一定的税率之下，政府的税收随税率的升高而增加，一旦税率的增加越过了这一转折点，政府税收将随税率的进一步提高而减少，我们一定要认识到并不是税率高税收就一定多这个道理。

降低企业成本，要多管齐下。要降低制度性交易成本，转变政府职能、简政放权，进一步清理规范中介服务。要降低企业税费负担，进一步正税清费，清理各种不合理收费，营造公平的税负环境，研究降低制造业增值税税率。要降低社会保险费，研究精简归并“五险一金”。要降低企业财务成本，金融部门要创造利率正常化的政策环境，为实体经济让利。要降低电力价格，推进电价市场化改革，完善煤电价格联动机制。要降低物流成本，推进流通体制改革。

记者：供给侧结构性改革应坚持哪些原则？注意些什么？

张卓元：除了要坚持正确的改革方向等大的原则外，起码还要注意两点：

一是难度很大。目前供给侧存在的问题，都是我国经济面临的突出问题，与就业等事关国计民生的事息息相关。比如去产能，势必涉及企业的重组甚至破产，会直接影响到一些人的吃饭问题。因此，一下子步子迈得过大，某些方面可能承受不了，要妥善处理社会稳定和推进改革的关系，处理好稳增长和调结构的关系。

二是尽量寻找新的经济增长点。混合所有制改革还可以加快一些，拉动经济增长的潜力也大。发展混合所有制经济，加快垄断行业改革，不仅有利于国有资本放大功能，保值增值，提高竞争力，也有利于各种所有制资本取长补短、相互促进、共同发展，提高自然垄断领域的资源配置效率。我国经济改革的实践也表明，完善公有制经济，允许体制外非公有制经济发展，是一项非常成功的增量改革。在改革的强力推动下，我国经济迅速起飞，经济增速三十多年平均达到近两位数，在此基础上，不仅国有资本成倍大幅度增长，各种民间资本和居民储蓄存款也大量增加。新增长点多了，就可以对冲一下主动改革带来的经济下行压力。

记者：从世界经济发展历程看，有哪些相关改革经验教训可以汲取？

张卓元：20 世纪 90 年代以来，美国经济经历了一轮时间较长的繁荣，创造了低通货膨胀率、低赤字、低失业率的“三低”奇迹，并最终出现了财政预算盈余。不少理论分析都认为，为美国经济繁荣奠定基础的是 20 世纪 80 年代的前总统里根。里根经济政策的主要内容是通过减税和加速企业折旧，以及改革一系列有碍于生产的规章制度，为企业经营者提供宽松的环境和政策空间，调动企业经营者和投资者各方面的积极性。这对我国的启示就是，在供给侧改革过程中要高度重视企业减负工作，大力推进结构性减税，降低企业的融资成本，让企业轻装上阵。

原载《经济日报》，2016－01－11

供给侧结构性改革是转方式促转型的正确途径

张卓元

感谢邀请参加这次会议。我发言的题目是：《供给侧结构性改革是转方式促转型的正确途径》。讲三点意见。

（1）供给侧结构性改革是中国实现经济转型的有效途径。现在报刊发了很多论述供给侧结构性改革的文章，我认为中央现在着重强调供给侧结构性改革，主要是为了真正转变经济增长方式和发展方式，使我国经济从粗放扩张型转为质量效益型。习近平总书记讲中国经济进入新常态有几个主要特点：一是从高速增长转为中高速增长；二是经济结构不断优化升级，第三产业、消费需求逐步成为主体，城乡区域差距逐步缩小，居民收入占比上升，发展成果惠及更广大民众；三是从要素驱动、投资驱动转向创新驱动。我认为在这三个主要特点中，第三点是最重要和最本质的。第三点讲的主要是经济转型，也就是中央从 2005 年开始提出转变经济增长方式，2007 年十七大进一步提出转变经济发展方式问题。而要转变经济增长和发展方式，经济要转型，只有主要从供给侧结构性改革入手，才能成功。所以中央提出推进供给侧结构性改革，我认为是找到了使我国经济稳步进入新常态，以及转变经济增长和发展方式、实现经济转型的有效且正确的途径。

推进供给侧结构性改革，要点是提高劳动生产率，提高全要素生产率，提高整个社会资源的配置效率。这就要求充分发挥市场在资源配置中的决定性作用，激发各个市场主体的创新活力，使社会经济增长主要转到依靠科技进步、劳动者素质提高和管理创新的轨道上来。前一阵子，为了稳增长，抑制经济增速下滑的势头，人们习惯性地着重从需求方面来改善中国的经济运行，甚至奢望能继续保持经济的高速增长。但是事实上这条路已经走不通了，这几年投资的效率已越来越低。原来一直主要寄希望于不断增加货币供应和投资，通过增加投资实现稳增长，但是人们越来越清楚，这条路走不下去了。投资要保持合理的增长，但市场前景不好或过分超前的投资只能带来投资效率的降低。同时，世界经济持续低迷也使出口难有大的起色。消费则继续保持平稳增长，不太可能有跳跃式增长。这些都说明，主要靠刺激需求、过度扩大需求推动增长的老路很难继续走下去了，也不切合经济要逐渐转为质量效益型的要求。现在提出要着力推进供给侧结构性改革，让我们拓宽了视野。中央提出的创新、协调、绿色、开放、共享五大发展理念，首先是创新发展，也同样要求把注意力集中到提高企业的活力及创新力，更好地依靠市场机制提高资源配置效率，提高整个经济增长的质量和效益，并让人民群众共享改革发展的成果。我认为提出供给侧结构性改革的目的，最主要就是这一条，而且这一条路是挺长远的，中国经济持续健康发展主要靠这个。

当然，需求和供给也可以相互转化，有一些公共需求目前还不能满足，有待增加供给。比如有专家估计对养老产业大概有一万亿元的消费需求，但是现在的供应量只有两千亿元，表明这个需求不能很好地得到满足，需要大量增加供给补上。这说明今后着重抓了供给侧结构性改革以后，并不是就不管需求了。不是这样，对于有潜力扩大需求的还是要扩大需求，但着重点还是要抓增加有效供给和提高供给侧效率。此外，有的供给本身就能创造需求，比如苹果手机的出现本身就能创造需求。苹果手机出现以后，所有人都使用便捷的智能手机，销量大增，这是供给创造需求的生动案例。

供给和需求也不能完全对立，但是重点要在供给侧提高效率，实现创新驱动发展，这才是真正的所谓转变经济增长和发展方式。原来的粗放式发展的老路径已经行不通了。所以我认为中央提出供给侧结构性改革，而且重点要抓供给侧结构性改革，是抓准了着力点，找到了促进经济持续健康增长的正确路子。这是我想讲的第一点。

（2）推进供给侧结构性改革，就要增加人力资本的投入，提升人力资本，包括提高劳动者的素质，来落实创新驱动发展。刚才我说了经济转型主要是增长方式转型，发展方式转型，产业转型升级，企业具有较强的市场竞争力。转型主要靠科技进步、技术创新，提高全要素生产率。消费对 GDP 的贡献占 60%以上，第三产业增加值占 GDP 的比重在 60%以上，是经济转型或者增长方式转变的一个内容，但这不是主要的。有材料说明现在一些南美国家，消费对 GDP 的贡献超过 60%，第三产业增加值占 GDP 的比重也超过 60%，但是还没有进入高收入国家行列，没有跳出中等收入陷阱。原因是什么？原因就是经济没转型，增长和发展方式没有转变，没有真正实现创新驱动发展。所以光靠消费对 GDP 的贡献占 60%以上，第三产业增加值占 60%以上，并不是经济转型的主要标志，经济转型的主要标志应该是增长和发展方式的转变，这是十七大说的，经济增长从主要靠物质资源的消耗转变到主要靠技术进步、劳动者素质提高和管理创新，真正做到这一条，那才是真正的经济转型。

而且只有这样，才能真正跳出中等收入陷阱。这就要求增加教育的投入，大力发展科教文卫事业，科教文卫领域要进一步对外开放，现在有专家估计开放度只有50%左右，而制造业的开放度达80%。与此同时，科教文卫领域也要进一步对社会资本开放。只有这样，才能加快发展，培养大批高科技人才，从而提高我国产业和企业的国际竞争力，提高发展质量。在世界科技进步日新月异的今天，各国经济实力的竞争，归根到底是人才的竞争。现在我们研究和开发的投入在增加，2015年已经占到GDP的2.1%，但是没有达到“十二五”规划要求2015年达到占GDP 2.2%的目标。所以今后研发投入还要提高，而且需要提高使用效率，这里面又涉及科技体制改革的问题，不要光是追求投入数量的增加，更要追求使用效率的提高，充分挖掘潜力。要着力发展现代服务业，第三产业占GDP的比重要增加，但是其中现代服务业特别是生产性服务业如研发服务、科技服务、设计服务、信息服务等占比偏低，目前只占全部服务业的15%左右，而有些发达国家占60%以上。发展生产性服务业是发展先进制造业、产业转型升级的重要环节，在这方面我国还是有很大的发展潜力的。

（3）提高资源配置效率，需要靠全面深化改革，当前特别重要的是深化国有企业改革。现在我觉得最难的也是国企改革。对于怎样深化国有企业改革，打破垄断，在自然垄断行业中放开竞争性业务，引入竞争机制，党的十八届三中全会《决定》已有明确的规定，但是至今收效甚微。当前去产能最关键的是要让一批僵尸企业入土为安，而僵尸企业主要都是国有企业，它们僵而不死，主要是靠政府补贴或银行贷款续命。

正如马建堂所言，民营企业没有什么僵尸不僵尸的问题，民营企业如果长期亏损、扭亏无望，它们就会倒闭，市场出清。但是国有企业就不同，它们总是想方设法熬下去，从而造成资源的严重浪费。据我所知，有的长期亏损的国有企业，在困难的时候只让工人每月拿800元钱，硬在维持。连最低的工资都不给人家，这也是不行的。

国有企业改革问题，可以说是老大难问题，而国有企业改革对推进供给侧结构性改革、提高资源配置效率非常重要。供给侧结构性改革的一个最重要方面就是增强企业活力，提高企业竞争力。现在有相当一部分资源被国有企业特别是其中的僵尸企业占用着，没有很好地配置到最有效率的地方，因此需要深化国有企业改革。十八届三中全会《决定》对国有企业改革指明了方向，提出要积极发展混合所有制经济，推动国有企业完善现代企业制度，提出了国有资产监管机构要以管资本为主，这就意味着要让企业和企业董事会行使自己的决策权，增强企业活力。但是我觉得我们从2013年十八届三中全会作出决定到现在两年半多，这方面的改革跟其他领域的改革相比，好像还是迟缓了一些，有点儿停留在纸面上，其中特别是国有资产监管机构怎样转变职能，以管资本为主，把企业的权还给企业，在这一点上进展极为困难。

国资委以管资本为主，而不是像过去那样以管企业为主，这一点要落实起来，真的是太难。最重要的是企业董事会没有重大事项的决策权，特别是中央企业，到现在为止哪个中央企业的董事会有自己的决策权，比如能够任命总经理？国有资产的监管机构没有把权放给企业和企业的董事会，实际上就还是管企业。这里面有认识问题，也有利益放弃不放弃的问题。这是国企改革任务很难落实的重要原因。国有经济现在拥有大量的优质资源，配置效率能不能够提高，僵尸企业落后的产能能否退出，这是制度创新、制度改革的问题。所以最近中央全面深化改革领导小组专门提出要落实改革举措，这是很重要、很有针对性的。当前最需要落实的是国有企业改革，因为去过剩产能也好，僵尸企业入土为安也罢，增强企业活力和提高企业竞争力，都是国有企业改革问题。

2014 年 7 月 15 日国务院国资委宣布了四项改革试点，其中第一个是国有资本投资公司试点，还有企业董事会授权试点、向央企派驻纪检组试点、发展混合所有制经济试点。2014 年 7 月 15 日规定的试点，一年半多都过去了，到现在仍没有下文。现在又说搞十个试点，不知道又要试多久。实际上，对于十八届三中全会所说的混合所有制改革，我认为最重要的是把自然垄断行业的竞争性业务放开，吸收社会资本搞混合所有制经济，这是混合所有制改革的最重要领域，而这方面的改革好像动作缓慢。在前年的国资委改革试点中混合所有制改革列举的两家企业，都是竞争性行业中的中国建筑材料集团公司和中国医药集团总公司，没有垄断行业中的企业。

所以，我认为，如果不加快国有企业改革，供给侧结构性改革就会受到影响。这个问题如果不能得到很好解决，我认为十八届三中全会提出的 336 项改革举措，到 2020 年所能完成的改革任务，就有可能要打折扣，我对这有点担忧。

2016 年 3 月 6 日在国家行政学院经济学部等召开的座谈会上的发言

供给侧改革进入深水区要敢于碰硬

——访著名经济学家张卓元、贾康

记者　卢晓平

供给侧改革正有序推进。自中央作出推进供给侧结构性改革决策后，一些地区和部门分别出台了政策措施和行动方案，供给侧改革开始逐步渗透中国经济。

习近平总书记在中央财经领导小组第十三次会议上强调，推进供给侧结构性改革，是综合研判世界经济形势和我国经济发展新常态作出的重大决策，各地区各部门要把思想和行动统一到党中央决策部署上来，重点推进“三去一降一补”，不能因为包袱重而等待、困难多而不作为、有风险而躲避、有阵痛而不前，要树立必胜信念，坚定不移地把这项工作向前推进。

应当如何理解习近平总书记关于供给侧改革的重要指示？记者专访了我国著名经济学家张卓元和贾康。

一场输不起的战争

《上海证券报》：从中央财经领导小组第十一次会议到中央经济工作会议，再到中央财经领导小组第十二和十三次会议，一个共同的主题是供给侧结构性改革。这充分说明这一改革的重要程度，同时也要求我们必须切实做好这项工作。为什么习近平总书记会使用这样严厉的字眼——“不能因为包袱重而等待、困难多而不作为、有风险而躲避、有阵痛而不前”？

张卓元：“举网以纲，千目皆张”。尽管一些地方和部门已经行动起来，但也要清醒地看到，一些地区和领导干部还不太适应这场改革，表现出畏难情绪，出现本能恐慌，甚至是不作为懒政。正如习近平总书记所指出的：“有些政策措施需要进一步研究制定，有的地方还没有有力行动起来，有的工作抓得还不精准。”

我认为，习近平总书记用这样严厉的字眼描述供给侧改革，说明这一具有历史性、战略性的任务相当重要。正如此前《人民日报》刊发的《开局首季问大势——权威人士谈当前中国经济》中权威人士所言，“推进供给侧结构性改革是当前和今后一个时期我国经济工作的主线，往远处看，也是我们跨越中等收入陷阱的‘生命线’，是一场输不起的战争。从全球看，越来越多的国家认识到，结构性改革才是走出眼前困境的根本之策。”

我个人认为中央着重强调供给侧结构性改革，主要是为了真正转变经济增长方式和发展方式，使我国经济从粗放扩张型转为质量效益型。习近平总书记讲中国经济进入新常态有几个主要特点：一是经济从高速增长转为中高速增长；二是经济结构不断优化升级，第三产业、消费需求逐步成为主体，城乡区域差距逐步缩小，居民收入占比上升，发展成果惠及更广大民众；三是从要素驱动、投资驱动转向创新驱动。在这三个主要特点中，第三点是最重要和最本质的。第三点讲的主要是经济转型，也就是中央从 2005 年开始提出转变经济增长方式，2007 年十七大进一步提出转变经济发展方式，以及 2015 年中央提出五大发展理念以创新为首的问题。

要转变经济增长和发展方式，经济要转型，非一日之功能实现的。要改变长期形成的粗放式发展的惯性思维，对于有些部门有的地方而言，是很痛苦和困难的事。但我们现在不得不做，并且还得做好。不从思想灵魂高度不断认识和再认识，并在实践中不断探索和积累经验，供给侧改革有可能流于形式，使中国经济丧失强身健体迈向中高端水平的战略机遇期。

中央高度重视推进供给侧结构性改革，我认为是找到了使我国经济稳步进入新常态，以及转变经济增长和发展方式、实现经济转型的有效且正确的途径。

贾康：供给侧改革的核心内涵，是问题导向下以改革攻坚克难为关键、解放生产力的长期行为。从供给侧相关因素看，主要涉及劳动力、土地和自然资源、资本、科技、制度这五项。既然是问题导向下的改革，就势必打破利益固化的藩篱，触及既得利益者的奶酪。不严厉推进，这事就难以真正落地。

从历史发展角度看，中国经济正在打造升级版，正要爬坡迈上一个“全要素生产率”新台阶，面临着很多过去需求侧管理不能解决的问题。现在一定要抓住供给侧改革所带来的转型升级的动力机制，来解决总体可持续发展和“升级版”发展的问题。机遇窗口期不可多得。

过去种种对“供给侧”的疏忽，造就了今日难以满足市场需求的尴尬。而提出“供给侧改革”正是对症下药之举，是中国引领“新常态”全面建成小康社会和形成后劲以跨越“中等收入陷阱”的保证。

在结构优化调整中忍受阵痛

《上海证券报》：去年以来，中央对供给侧结构性改革从理论思考到具体实践，从顶层设计、政策措施直至重点任务，都进行了全链条部署。深化供给侧改革重点是落实，具体到“三去一降一补”工作中，应当如何推进？

张卓元：“三去一降一补”工作的核心思想是提高资源配置效率，这需要靠全面深化改革，当前特别重要的是深化国有企业改革。我觉得现在最难的也是国企改革。

怎样深化国有企业改革？十八届三中全会对此已有明确的要求，但是至今收效甚微。当前去产能最关键的是要让一批僵尸企业“入土为安”，而僵尸企业主要都是国有企业，它们僵而不死，主要靠政府补贴或银行贷款续命。当然，要让僵尸企业退出市场是要付出代价的，特别是要处理好职工安置问题。但是，正如有的专家所指出的，养僵尸企业不如养职工、培训职工，帮助他们实现再就业。

国有企业改革问题可以说是老大难问题。而国有企业改革对推进供给侧结构性改革、提高资源配置效率非常重要。

十八届三中全会《决定》为国有企业改革指明了方向，提出要积极发展混合所有制经济，推动国有企业完善现代企业制度，在自然垄断行业中放开竞争性业务和引入竞争机制，提出了国有资产监管机构要以管资本为主。这就意味着要让企业和企业董事会行使自己的决策权，完善治理结构，增强企业活力等。但是我觉得，我们从2013年十八届三中全会作出决定到现在已有两年半时间，这方面的改革与其他领域的改革相比，好像还是迟缓了一些，有点停留在纸面上。其中特别是国有资产监管机构怎样转变职能，以管资本为主，把企业的权还给企业，在这一点上进展极为困难。

国有经济现在拥有大量的优质资源，配置效率能否提高，僵尸企业落后的产能能否退出，这是制度创新、制度改革的问题。所以最近中央全国深化改革领导小组专门提出要落实改革举措，这是很重要、很有针对性的。当前最需要落实的是国有企业改革，因为去过剩产能也好，僵尸企业“入土为安”也罢，增强企业活力和提高企业竞争力，都是国有企业改革问题。

贾康：“权威人士”说得非常清楚，我们对这个阵痛必须忍受，要看到中长期的可持续发展客观要求我们在结构优化调整中要忍受阵痛。

换挡期、阵痛期加上前期刺激政策的消化期，意味着不要期望再来一个大水漫灌式的普遍刺激，而是要消化原来的刺激政策所带来的一些负面效应。比如在政府部门改革不到位的情况下，之前的强刺激还是产生了一些“政府万能”的幻觉，一些官员以为政府喜欢什么、想要什么都可以按照自己的意愿调整，来搞所谓调控。而实际上现在迫切需要注意的是，在新的阶段政府治理实现转型中，必须更充分地跟其他主体合作和互动，更多注意有效市场与有为、有限政府的结合，特别要充分调动民营经济的积极性，实现和维护市场公平竞争，来达到在优胜劣汰的阵痛之后脱胎换骨、凤凰涅槃。

实际上，我们还要推“三期加一期”的概念，就是在“三期”叠加之外，再加一个改革到了深水区以后攻坚克难实质性的推进期，这是无可回避的：现在供给侧结构性改革不就是要落在攻坚克难上吗？

因此，供给侧改革不是贴标签式地选择新概念，而是实行承前启后、继往开来、理论密切联系实际的创新；供给侧改革不是否定需求侧和简单搬用供给学派减税为主的思路，而是借鉴中外所有需求管理、供给管理的有益经验，又侧重于供给体系建设的系统工程；供给侧改革不是所谓搞新计划经济，而是坚持市场在资源配置中总体上发挥决定性作用的前提下，把有效市场和有为、有限政府相结合，实现中国守正出奇的现代治理和从追赶到赶超的超常规发展。

供给侧改革要提质增速

《上海证券报》：高层力促供给侧结构性改革，将会带来哪些效果？

张卓元：改革进入深水区，意味着改革要触动一些人的既得利益，阻力不小，困难重重。供给侧结构性改革也是这样。因此，必须有顶层设计，高层力促，才能推动前进。在高层的推动下，改革逐步取得成效，可以引导更多的人增强信心，主动参与和自觉践行，保证改革稳步前进。

贾康：中央高层力促供给侧结构性改革，显然既涉及压力又涉及动力，也是基于已有的改革经验。第一，从压力看，当前阶段的改革深化与攻坚克难，有进展之中“矛盾累积、隐患叠加”的风险威胁，在问题导向和形势逼迫之下，只能奋力向前涉险滩、啃硬骨头，“壮士断腕”般攻坚克难，力求在新的历史起点继续大踏步地跟上时代，这如同“逆水行舟不进则退”，同样是别无选择的，照样要反复强调“狭路相逢勇者胜”“唯改革创新者胜”。

第二，从动力看，十一届三中全会开启的中国人认清与把握世界大势和文明发展主流、紧紧扭住经济建设为中心的基本路线“一百年不动摇”、追求“和平崛起”的伟大民族复兴征程，已推进到关键性历史阶段。同时，改革的复杂程度和推进难度，正应了“行百里者半九十”这句老话。在认识、适应“经济新常态”的同时，最为重要的是必须能动地引领它，“供给侧改革”正是沿着20世纪80年代从制度供给入手推动全局的基本逻辑和创新发展规律，继往开来并升级式地寻求可持续发展，这必须、也必将得到20世纪80年代“实事求是、解放思想”所构建的创新发展的动力源、动力体系的升级式的支持。

第三，从经验看，改革中的上下互动、凝聚共识，是在风雨波涛之中按“进行时”曲折推进的。十八大之后，我们显然也需要经历新时期、新阶段进一步凝聚共识、减少分歧的考验，实质性的改革不仅需要有“冲破利益固化藩篱”的更大的决心、勇气和魄力，还需要借鉴国际国内经验形成更高水平的方案优化、运行智慧和协调艺术，争取最广大人民群众的认同、支持和积极参与，形成改革合力。在实践层面我们要更多地强调实事求是与宽容态度，包括需要继续鼓励基层、地方在市场化改革中的先行先试；应“允许改革者犯错误，但不允许不改革”！

历史演进轨迹不可能如长安大街般笔直，改革攻坚克难中的曲折与代价，是题中应有之义。然而，20世纪80年代的一条重要启示，是坚定改革信念，牢牢把握大方向而执着地努力，会迎来改革渐进中的局部突变和可能促成里程碑式的重大进展；“波浪式推进”是使经济社会整体跃升的前奏与先导。十八大以来，中国的“四个全面”战略布局已一步步清晰明朗，承前启后抓住供给侧这一主要矛盾；推进配套改革系统工程，是国家和人民的根本、长远利益所系，也是以改革取得“决定性成果”而启动由全面小康到跨越“中等收入陷阱”、联通“中国梦”腾飞进程的指导方略。

原载《上海证券报》，2016－06－03

着力用改革的办法解决供给侧结构性问题

张卓元

自2015年年底中央经济工作会议提出推进供给侧结构性改革任务以来，习近平总书记多次系统阐述了供给侧结构性改革的思想和如何推进这一重大改革的一揽子方案。目前，各方面对中国应及时推进供给侧结构性改革已达成重要共识，并在推进改革中取得进展。本文认为，我们应在深刻领会供给侧结构性改革的重大意义的同时，着力用改革的办法解决中国积累多年的结构失衡特别是供给侧结构失衡问题。

一、推进供给侧结构性改革是正确的重大决策

自2014年以来，党中央和习近平总书记根据中国经济出现的新情况、新问题，明确指出中国经济呈现出新常态，正在进入新常态。新常态有三个主要特点。一是从高速增长转为中高速增

长。二是经济结构不断优化升级，第三产业、消费需求逐步成为主体，城乡区域差距逐步缩小，居民收入占比上升，发展成果惠及更广大民众。三是从要素驱动、投资驱动转向创新驱动。我们来分析一下这三个特点。

首先，中国经济从2012年起即转为中高速增长，2012—2015年经济增速分别为7.7%、7.7%、7.4%、6.9%，2016年一般估计为6.7%左右。目前经济增速下行的压力还比较大，在最近两三年看不到有增速提高到8%以上的前景，而更大的可能性是经济中高速增长维持七八年到十年后将进一步下滑至5%左右的中速增长。而中国经济能否保持八至十年的中高速增长并在此后顺利地转入5%左右的中速增长，主要取决于我们能不能顺利地推进供给侧结构性改革，逐步转变经济增长和发展方式。

其次，这几年我国在调整和优化经济结构方面取得进展。第三产业增加值占国内生产总值的比重已从2011年的44.3%提高到2015年的50.5%，4年提高6.2个百分点；最终消费支出对国内生产总值增长的贡献率已从2012年的56.5%、2013年的48.2%、2014年的49.6%提高到2015年的60.9%。居民收入水平提高较快。“十二五”期间，城乡居民人均可支配收入年均增长8.9%，高于年均经济增长7.8%的水平。与此同时，我们也要看到，我国生产性服务业发展不足，2013年我国生产性服务业增加值占国内生产总值的比重只有17.7%，而发达国家这一比重达30%甚至40%以上。为了实现创新驱动发展和产业转型升级，我们要大力发展研发、设计、科技服务、工程服务、金融、会计、法律服务、企业管理咨询、广告、市场研究、远程诊断维护、回收再制造等生产性服务业，增加这方面的投资。“微笑曲线”告诉我们，制造、加工、装配环节的利润率是比较低的，而产品研发、核心技术、售后服务 环节则往往处于价值链曲线的高端。所以，今后在结构改革中，在继续发展服务业、提高服务业占比时，要着力发展现代生产性服务业，向“微笑曲线”的两头延伸。我们看到，一些拉美国家尽管服务业增加值占国内生产总值的比重已达到60%甚至70%，但是没有跳出“中等收入陷阱”，重要原因是它们的服务业主要是传统服务业，而生产性服务业的发展严重滞后，使产业仍然处于中低端水平。

最后，从投资驱动、要素驱动向创新驱动转变，是经济增长和发展方式转变的核心所在，是中国经济进入新常态过程中最主要也是最艰巨的任务。中国经济要稳步、顺利进入新常态，就必须提高资源配置效率，提高全要素生产率，增强企业活力，使经济增长由主要依靠增加物质资源消耗向主要依靠科技进步、劳动者素质提高、管理创新转变，做到用尽可能少的消耗提供尽可能多和好的产品与服务，最大限度地满足全国人民不断增长的物质和文化需要。而这正是供给侧结构性改革的本质要求，也是创新发展理念的本质要求。所以，中央在提出新常态概念后，接着提出供给侧结构性改革，是顺理成章、合乎逻辑的发展，是促使中国经济保持中高速增长和经济结构迈向中高端水平的正确抉择。

面对经济增速下行和要求稳增长呼声很高的压力，如果继续沿用过去刺激需求的办法，已经很难奏效。由于国际金融危机后全球经济低迷，增速下滑，出口市场很难迅速扩大，2015年货物出口总额下降1.8%，2016年难有大的改观。消费增速多年来一直以两位数高速增长，但比较稳定，实行适当鼓励消费的政策，可以促进消费增速快一点，但不可能有大幅度增长。一直被称为稳增长关键的投资则因投资回报率不断下滑而难以启动大规模增加投资。资料显示，我国投资回报率即税后净利润与资产总额之比，1993年为15.67%，2000—2008年稳定在8%～10%，2014年则降至2.7%的历史低点（见《经济参考报》，2016-06-06）。与此相类似，清华大学白重恩教授的研究也表明，2012年中国投资回报率仅为2.7%（见《第一财经日报》，2013－07－29）。现在投资回报率大大低于银行贷款利率，除了适当扩大一些如基础设施建设等有效需求外，是无法进行大规模投资的，否则会因货币投放太多或政府债务太多带来可怕的后果。面对三驾马车的马力不足，我们只能主要从供给侧找出路、做文章。而恰恰我国供给侧结构性问题很多、潜力很大。推进供给侧结构性改革，目前主要是去产能、去库存、去杠杆、降成本、补短板，可以从根本上解决我国经济多年来因粗放扩张带来的质量和效率不高和存在的不平衡、不协调、不可持续的问题，使经济运行转到注重质量和提高效率的轨道上，实现经济的再平衡和创新驱动发展。因此，今后在保持总需求适度增长的同时，着力推进供给侧结构性改革，是党中央审时度势作出的正确的重大决策，也是以问题为导向做决策的范例。

二、供给侧结构性改革既要政策推动，又要改革推动

供给侧结构性改革的目标，是要提高资源配置效率和企业活力，提高全要素生产率，扩大有效供给，减少无效供给，提高供给结构的适应性、灵活性，更好地满足广大人民群众的物质和文化需要。为此，首先要解决要素配置扭曲问题，尤其是解决一部分行业产能严重过剩和一部分僵尸企业退出市场的问题，以及与此相关的问题，也就是中央提出的“三去一降一补”的问题。解决这些问题，既要政策推动，又要改革推动；既要行政手段，更要市场手段。

政策推动是必不可少的，提出供给侧结构性改革本身就是一个大政策，要实施这项大政策，还要实施相互配合的五项政策，即宏观政策要稳、产业政策要准、微观政策要活、改革政策要实、社会政策要托底。

第一，宏观政策要稳。要继续实施积极的财政政策和稳健的货币政

策，保持宏观经济的稳定运行，为供给侧结构性改革营造良好、稳定的环境。2016 年政府拟将财政赤字率提高到 3%，这是必要的、合适的，可以弥补降低企业税收负担带来的财政减收。继续实施稳健的货币政策很重要，货币当局不要随意搞强刺激，走老路，货币供应量的增长要限制在稳增长所必要的范围内。

第二，产业政策要准。正如有关部门负责人所指出的，政府要改变过去鼓励企业发展哪些产业的做法，而是要指明产业结构优化升级的方向，比如要发展战略性新兴产业，加快制造强国建设，加快发展现代服务业，提高基础设施网络化水平，努力形成新的增长点等。具体选择发展哪个产业，应由企业自行决策。这就相当于由市场决定资源的配置。这是我国产业政策的重大变化。经济发展的实践表明，由市场和由企业自主选择发展哪些产业，是最有效率的。这样做也表明，推进供给侧结构性改革，并不是回到计划经济，而是更好地发展社会主义市场经济。

第三，微观政策要活。供给侧结构性改革的重点是要增强企业的活力和竞争力，政府正在采取各种措施减轻企业负担，降低企业交易费用。2016 年政府工作报告中已明确，“今年将采取三项举措。一是全面实施营改增，从 5 月 1 日起，将试点范围扩大到建筑业、房地产业、金融业、生活服务业，并将所有企业新增不动产所含增值税纳入抵扣范围，确保所有行业税负只减不增。二是取消违规设立的政府性基金，停征和归并一批政府性基金，扩大水利建设基金等免征范围。三是将 18 项行政事业性收费的免征范围，从小微企业扩大到所有企业和个人。实施上述政策，今年将比改革前减轻企业和个人负担 5 000 多亿元”（见《人民日报》，2016－03－18）。以上措施正在顺利推进中，对于增强企业活力和竞争力将发挥积极作用。

第四，改革政策要实。党的十八届三中全会《决定》以及“十三五”

规划提出了一系列改革举措，各方面正在积极落实，取得了可喜的进展。与此同时，也要看到，有些改革推进并不顺利，落实情况不理想，比如最重要的国企改革、国资改革，进展比较缓慢。还有像开征房地产税问题，党的十八届三中全会明确指出，“加快房地产税立法并适时推进改革”，《决定》已经作出了两年半多，可是至今还看不到加快房地产税立法的计划，也看不到何时推进这项改革。还有与开征房地产税相关的建立全国不动产统一登记机构，一直说要在 2015 年完成，但至今仍没有明确的说法，只在 2015 年知道困难很多，进展缓慢。而没有这个信息平台，开征房地产税就无法推进。

第五，社会政策要托底。推进供给侧结构性改革，去产能，让僵尸企业退出市场，有专家估计会影响四五百万人就业，其中要消化钢铁、煤炭产业的过剩产能，未来几年要消化 1 亿～1.5 亿吨钢和 8 亿吨煤，就涉及近 200 万人的就业。政府大力推进大众创业、万众创新，发展新产业、新业态，可以支持一部分人转岗，但总有不少人要下岗，这就需要政府的社会政策来托底，保障下岗职工的基本生活和得到基本公共服务。这也是改革必须经历的阵痛。我们也有信心能够解决这个问题。自 1998 年起，国有企业三年脱困时，有 3 000 万名职工下岗，政府通过再就业中心和买断工龄等解决下岗职工问题，遗留的问题在此后逐步消化。现在我国的国力、财力比十几年前强盛得多，也不会出现两三千万人下岗需要再就业的问题，只要落实好托底的社会政策，阵痛不会很大，过坎不会太难。

要顺利推进供给侧结构性改革，更重要的是要全面深化经济体制改革。供给侧结构性改革的目的是不断提高资源配置效率，而经济发展实践证明，市场机制能够最有效地配置资源。所以在结构改革中要充分发挥市场对资源配置的决定性作用，也就是要让市场和企业来选择发展什么产业，退出什么产业，政府的资金主要投向市场失灵领域，如基本公共服务、修复生态保护环境等。去产能、让僵尸企业退出市场也要尽可能用市场手段，企业的兼并重组，政府也要避免拉郎配，以免把好企业也拖垮了。要紧紧围绕使市场在资源配置中起决定性作用深化经济体制改革，解决要素配置扭曲问题，解决产权保护不力问题，解决动力转换问题，解决企业活力不足和竞争力不强问题。与此同时，要有效发挥政府的作用，政府要制定和执行必要的政策，推动供给侧结构性改革，推动社会经济创新、协调、绿色、开放、共享发展，为经济社会的科学发展包括为市场在资源配置中发挥决定性作用创造良好的环境和条件。

目前在政府与市场的关系中仍然存在一些问题。尽管政府特别是中央政府在简政放权、放松对企业和市场的不合理管制等方面取得了明显的进展，但是政府对微观经济活动仍然干预过多，使结构改革中最主要的去产能工作进展不够理想，相应地去杠杆的工作也困难重重。如何更好地发挥经济体制改革对实现经济再平衡、实现产业结构优化升级的推动作用，还有待不断总结实践经验以找到更优的途径和办法。

三、国企改革任务更显突出

推进供给侧结构性改革使我国国有企业改革任务更显突出。这是因为，去产能涉及让僵尸企业退出市场，这些僵尸企业主要是国有企业，它们一般靠政府补贴和银行贷款续命，使许多宝贵的资源不能得到有效利用，影响资源配置效率的提高。一般来说，民营企业如果长期亏损且扭亏无望，它们会自动退出市场，政府不会长时期救助它们，它们也很难总是靠银行贷款维持下去，所以容易市场出清。国有企业则不同，它们姓公不姓私，政府为了保持经济增速和减轻就业压力，即使眼看企业持续亏损和扭亏无望，也要千方百计给予补贴救助；银行也怕亏损企业破产造成不良资产增加，只好不断向它们输血维持活命。正因为国有僵尸企业难以市场出清，所以去产能任务显得很难推进。本来深化国有企业改革就要求积极推进企业内部管理人员能上能下、员工能进能出、收入能增能减的制度改革，但是由于这一改革一直没有到位，以致许多国有企业都很难做到员工能进能出，这就增加了长期亏损的国有企业退出市场的难度。这说明，要落实结构性改革首要的去产能、让僵尸企业退出市场的任务，必须深化国有企业改革，包括切实转变国有企业经营机制。同时，深化国有企业改革能够在相当程度上提高各个国有企业乃至整个国有经济的效率。因此，国有企业改革的任务因供给侧结构性改革而突出起来。

2013年党的十八届三中全会《决定》对深化国企改革、国资改革作出了一系列重要部署，指出必须适应市场化、国际化新形势，以规范经营决策、资产保值增值、公平参与竞争、提高企业效率、增强企业活力、承担社会责任为重点，进一步深化国有企业改革；准确界定不同国有企业功能；国有资本继续控股经营的自然垄断行业，实行以政企分开、政资分开、特许经营、政府监管为主要内容的改革，根据不同行业特点实行网运分开、放开竞争性业务，推进公共资源配置市场化；推动国有企业完善现代企业制度，健全协调运转、有效制衡的公司法人治理结构；完善国有资产管理体制，以管资本为主加强国有资产监管，改革国有资本授权经营体制，组建若干国有资本运营公司，支持有条件的国有企业改组为国有资本投资公司；积极发展混合所有制经济；等等。《决定》公布后，国有企业改革重新启动并取得一定进展。有的央企在竞争性业务领域吸收社会资本搞混合所有制经济，不少地方制订深化国企国资改革、发展混合所有制经济和实现资产证券化等方案，合理确定并严格规范央企管理人员薪酬水平等。2014 年 7 月 15 日，国务院国资委宣布在中央企业启动四项改革试点，分别是国有资本投资公司试点、混合所有制经济试点、董事会授权试点、向央企派驻纪检组试点。其中混合所有制经济试点，主要探索发展混合所有制经济的有效途径。目的有六个方面：一是探索建立混合所有制企业有效制衡、平等保护的治理结构；二是探索职业经理人制度和市场化劳动用工制度；三是探索市场化激励和约束机制；四是探索混合所有制企业员工持股；五是探索对混合所有制企业的有效监管机制及防止国有资产流失的方法和途径；六是探索在混合所有制企业开展党建工作的有效机制（见《人民日报》，2014-07-16）。

2015 年 8 月 24 日，《中共中央、国务院关于深化国有企业改革的指导意见》出台，指出“国有资产监管机构要准确把握依法履行出资人职责的定位，科学界定国有资产出资人监管的边界，建立监管权力清单和责任清单，实现以管企业为主向以管资本为主的转变。该管的要科学管理、决不缺位，重点管好国有资本布局、规范资本运作、提高资本回报、维护资本安全；不该管的要依法放权、决不越位，将依法应由企业自主经营决策的事项归位于企业，将延伸到子企业的管理事项原则上归位于一级企业，将配合承担的公共管理职能归位于相关政府部门和单位。”又说，“健全公司法人治理结构。重点是推进董事会建设，建立健全权责对等、运转协调、有效制衡的决策执行监督机制，规范董事长、总经理行权行为，充分发挥董事会的决策作用、监事会的监督作用、经理层的经营管理作用、党组织的政治核心作用，切实解决一些企业董事会形同虚设、‘一把手’说了算的问题，实现规范的公司治理。要切实落实和维护董事会依法行使重大决策、选人用人、薪酬分配等权利，保障经理层经营自主权，法无授权任何政府部门和机构不得干预”（见《人民日报》，2015-09-14）。落实上述两段话，可使国有企业及其董事会实现自主经营、自行决策，从而对增强企业活力具有关键作用。而这正是供给侧结构性改革的重要任务。

2016年2月25日，国务院国资委、国家发改委、人社部在北京召开通气会，国资委负责人表示，2016年国企改革将深入推进十项试点，其中部分国企改革试点将在上半年首次推出。这十项改革试点包括落实董事会职权试点，市场化选聘经营管理者试点，推行职业经理人制度试点，企业薪酬分配差异化改革试点，国有资本投资、运营公司试点，中央企业兼并重组试点，部分重要领域混合所有制改革试点，混合所有制企业员工持股试点，国有企业信息公开工作试点，剥离企业办社会职能和解决历史遗留问题试点（见《人民日报》，2016-02-26）。

由上可见，一方面，十八届三中全会以后，国企改革、国资改革有一定进展，正在试点的项目逐渐增多，助力供给侧结构性改革。另一方面，改革进展不够快，文件不少，但落实不够；试点不少，但成果难出。一部分人怀疑，作为供给侧结构性改革首要任务的去产能和让僵尸企业退出市场进展缓慢，与国企改革不到位，致使过剩产能难以市场出清很有关系。因此，今后国企改革、国资改革要加把劲，落实已定的改革举措，使供给侧结构性改革更好地推进。

针对国有资本优化配置问题，十八届三中全会《决定》提出，“国有资本投资运营要服务于国家战略目标，更多投向关系国家安全、国民经济命脉的重要行业和关键领域，重点提供公共服务、发展重要前瞻性战略性产业、保护生态环境、支持科技进步、保障国家安全。”《中共中央、国务院关于深化国有企业改革的指导意见》也指出，“紧紧围绕服务国家战略，落实国家产业政策和重点产业布局调整总体要求，优化国有资本重点投资方向和领域，推动国有资本向关系国家安全、国民经济命脉和国计民生的重要行业和关键领域、重点基础设施集中，向前瞻性战略性产业集中，向具有核心竞争力的优势企业集中。”这方面的改革近两年有一些进展，但也应注意到特别是2016年以来，一些国企热衷于发展要“去库存”的房地产业，各地地王频出，而且价格高得惊人，这些地王中，有一半甚至更多是国有企业特别是央企。这同《决定》和《中共中央、国务院关于深化国有企业改革的指导意见》提出的国有资本重点投向是不完全一致的，社会影响并不好。

国企改革是经济体制改革的中心环节。国企改革搞得好不好、到位不到位，直接影响其他改革的进程。国企改革不到位，就难以直正形成统一开放、公平竞争的市场环境，难以落实支持、鼓励、引导非公有制经济的政策，难以深化财税改革和健全社会保障体系，难以建立健全现代金融体系和结构，难以建设公平合理的收入分配制度，难以使老百姓很好共享改革发展成果，等等。

四、供给侧结构性改革与全面深化经济改革的关系

供给侧结构性改革是全面深化经济改革的一个重要内容，也是当前最为紧迫的任务。当前供给侧结构性改革的“三去一降一补”任务中，有不少经济改革内容，如降成本中的营改增、对小微企业降低税费负担就是财税改革的重要任务，又如去杠杆也是金融改革的重要内容。而结构改革中的去产能、去库存、补短板等，则属于调结构的范畴，它们要靠经济体制改革如国企改革、营造公平竞争的市场环境等作为推动力量，本身并非经济体制改革内容。所以，不能用供给侧结构性改革代替全面深化经济体制改革，相反，要着力推进经济体制改革，来推动供给侧结构性改革顺利进行，使我国经济更好地稳步进入新常态。

我国供给侧结构性改革正在逐步推进、取得进展，突出表现在普遍

重视创新驱动发展，新产业、新业态不断发展，第三产业、消费占比过半并在继续提高，新增就业岗位超计划实现，这就使中国经济增速仍处于合理区间。与此同时，结构调整面临的阻力也不小，特别是“三去”的阻力不小，去产能面临僵尸企业难以退出市场的阻力，去库存面临一、二线城市房价上涨、地王频出的不正常状态，去杠杆面临杠杆率难以下降、银行不良资产增加的困境，等等。最重要的原因，是一些重要领域经济体制改革进展不够快、改革没有到位。

当前，我国改革进入攻坚期和深水区。改革将带来较大的利益变动和调整。政府简政放权会使一些有审批权的部门利益受损，垄断行业改革会使原来靠垄断谋取高收入、高福利者利益丧失，国企改革会使国企失去种种优惠，开征房地产税会使拥有量多价高的房地产所有者增加税负，等等。既得利益群体自然会采取各种各样的办法干扰和阻挠改革的推进，使改革举步维艰。因此，新一轮改革不但需要有顶层设计，而且要有顶层强有力的推动，打破重重阻力，奋力向前。党的十八届三中全会以来就是这样做的。《决定》就是一个很好的改革顶层设计。根据《决定》成立的中央全面深化改革领导小组是最权威的机构，一直不断在奋力推动各项改革的落实，并已取得可喜的进展。同时，人们也觉察到，改革的阻力的确不小，有人还是不愿意放弃手中的权力包括管企业和审批的权力；有人怕推进改革会得罪一些既得利益者从而遭到报复或打击因而逃避现实撂挑子；有人借口怕犯错误而不作为，能推就推；有人用文件落实文件，用会议落实会议，实际上是拖着不办事；等等。这就使得有的改革进展缓慢，不尽如人意。

党的十八届三中全会《决定》要求，“到 2020 年，在重要领域和关键环节改革上取得决定性成果，完成本决定提出的改革任务，形成系统完备、科学规范、运行有效的制度体系，使各方面制度更加成熟更加定型。”现在距2020年只剩下三年多时间，时不我待，我们要按照既定的顶层设计更有力地推进改革，同时在经济体制改革上也要补短板。目前比较明显的短板是国企改革，这些改革更要快马加鞭。只有在经济体制改革方面不断取得突破和进展，我国供给侧结构性调整、经济转型和发展方式转变，才能比较顺利地进行和取得成功！

原载《经济纵横》，2016（10）

五

构建中国特色社会主义政治经济学

把邓小平经济理论推向新阶段

张卓元

邓小平的中国特色社会主义经济理论十分丰富，其中最重要的是关于社会主义市场经济的理论。由于在社会主义条件下发展市场经济是史无前例的伟大创举，没有先例和模式可供借鉴，需要我们一步一步地探索，在实践中寻找其客观规律性，因此，邓小平社会主义市场经济理论是在中国改革和发展实践中不断丰富和发展的。

邓小平倡导的改革开放三十多年来已取得巨大成绩，现在我国已成为世界第二大经济体，开始进入中等偏上收入国家行列。

20世纪90年代初期，邓小平说："恐怕再有三十年的时间，我们才会在各方面形成一整套更加成熟、更加定型的制度。在这个制度下的方针、政策，也将更加定型化。"① 党的十八届三中全会《决定》及其实施，将使邓小平的上述设想

① 邓小平．邓小平文选：第3卷．北京：人民出版社，1993：372.

变为现实。而且这个制度不仅包括社会主义市场经济制度，还包括中国特色社会主义政治、文化、社会、生态文明等各方面的制度。

社会主义市场经济体制，是能促进和保证中国经济转型和发展方式转变、跳出“中等收入陷阱”顺利进入高收入国家行列、进而实现中华民族伟大复兴的中国梦的制度体系。党的十八届三中全会提出，经济体制改革是全面深化改革的重点，核心问题是处理好政府和市场的关系，使市场在资源配置中起决定性作用和更好发挥政府作用；混合所有制经济是基本经济制度的重要实现形式，以管资本为主加强国有资产监管，国有资本投资运营要服务于国家战略目标，更多投向关系国家安全、国民经济命脉的重要行业和关键领域，重点提供公共服务、发展重要前瞻性战略性产业、保护生态环境、支持科技进步、保障国家安全；建立公平、开放、透明的市场规则，各类市场主体可依法平等进入清单之外领域，推进水、石油、天然气、电力、交通、电信等领域的价格改革，放开竞争性环节价格，建立城乡统一的建设用地市场，完善人民币汇率市场化形成机制；政府的职责和作用主要是保持宏观经济稳定，加强和优化公共服务，保障公平竞争，加强市场监管，维护市场秩序，推动可持续发展，促进共同富裕，弥补市场失灵；等等。这些理论和指导原则，都是对邓小平中国特色社会主义经济理论特别是社会主义市场经济理论的重大发展，并且在落实过程中进一步解放和发展了社会生产力，从而把中国特色社会主义经济理论推向新的阶段。

原载《经济日报》，2014－08－20

《新中国经济学史纲（1949—2011）》的写作思路及其对中国特色社会主义经济学话语体系的贡献

张卓元

首先，我要感谢中国社会科学出版社为《新中国经济学史纲（1949—2011）》召开新书出版座谈会。由我主持和参与执笔写作的《新中国经济学史纲（1949—2011）》一书（张卓元等著，中国社会科学出版社 2012 年出版，以下简称《史纲》），是集体创作的成果，也是多年研究积累的产物。此前，我和本书的其他一些专家曾共同写作和出版过《论争与发展：中国经济理论 50 年》（张卓元主编，云南人民出版社 1999 年出版）、《中国经济学 30 年（1978—2008）》（张卓元主编，中国社会科学出版社 2008 年出版）、《中国经济学 60 年（1949—2009）》（张卓元主编，中国社会科学出版社 2009 年出版）等著作，《史纲》和前几本书不同的地方，除了内容有所拓展外，还在于本书主要采取编年体展开论述，使其更像经济思想史专著。本书的一个重要特点是有好几章所述事件是由亲身参与者执笔撰写的，如第三章“1959 年 4 月新中国第一次经济理论讨论会”、第九章“1979 年全国第二次经济理论讨论会，中心议题是价值规律作用问题”、第十四章“1984 年中青年经济学家讨论会——‘莫干山会议’”、第十五章“1985 年‘巴山轮’会议引入西方国家宏观经济管理理论与经验”、第十六章“1987 年国家体改委组织八个单位制订中期改革规划纲要”、第三十一章“进入新世纪后中国化马克思主义政治经济学教材的重新撰写”等。

经济学作为一门学科，在西方一般认为是伴随着 18 世纪古典经济学的产生而站立在科学舞台上的。在中国则是在 19 世纪末 20 世纪初随着马克思主义经济学和西方资产阶级经济学的传入，经济学才逐步作为一门独立的社会科学出现。1949 年中华人民共和国成立之后，尤其是在 1978 年年底实行改革开放后，中国经济学进入大发展大繁荣时期。这是由时代和环境提供的特殊机遇造就的，也是众多精英经济学家艰辛探索作出大量出色的研究成果带来的。

1949 年中华人民共和国成立使积贫积弱的中国逐步走上社会主义现代化建设的康庄大道，1978 年年底实行改革开放后，党引导我们走中国特色社会主义道路，使中国社会主义现代化建设走上快车道，工业化、信息化、城市化、市场化、国际化迅速推进，到 20 世纪末已开始进入小康社会，2010 年起成为世界第二大经济体，人均 GDP 超过 4 000 美元，进入中等偏上收入国家行列。在这样一个社会经济大变革、大发展的环境下，中国经济学研究紧跟时代脉搏异常活跃，成果累累。一代又一代经济学家活跃在学界、经济界，以自己的学识批判传统的经济体制，为国家的社会主义现代化建言献策，不断繁荣和发展经济科学，努力创建中国特色社会主义经济理论体系。

总体上说，《史纲》论述的是马克思主义经济学中国化、时代化的进程，从理论上反映了中华人民共和国六十多年社会主义经济建设的伟大实践，反映了1978年年底实行改革开放后经济腾飞和体制转型的伟大实践，反映了中国共产党和社会各界努力探索中国自己的社会主义建设道路并在改革开放后找到正确的中国特色社会主义道路的艰辛历程。中国是世界上最大的拥有十几亿人口的发展中国家，中国社会主义现代化建设的辉煌成就，对全世界的发展中国家有重要的借鉴意义。中国道路证明，通向现代化和现代文明的道路是多种多样的，并不是只有西方发达国家走过的资本主义道路一种。这也说明，研究中国经济学发展的历史，寻找中国特色社会主义经济发展的规律性，具有重要的理论和实际意义。

中国经济学发展的历史表明，研究中国经济学，首先要从中国国情出发，在马克思主义经济学基本原理指导下，深入了解和掌握丰富的社会主义建设实际，发现其内在联系和客观规律，作出理论概括。中国革命、改革、建设的实践证明，我们既不能照搬苏联传统的计划经济体制模式，也不能照搬西方模式。我们不仅要有自己的中国特色社会主义经济学，还要有中国特色社会主义经济学话语体系。

中国特色社会主义经济学话语体系要以中国特色社会主义经济理论体系的科学性为内容和基础。《史纲》对中国特色社会主义经济学话语体系的贡献，主要是比较系统地论述了中华人民共和国成立以来直到2011年，中国经济学界对中国经济学即中国特色社会主义经济理论的探索和逐步形成发展的历史进程。具体来说，《史纲》的贡献主要体现在以下几个方面。

第一，系统地论述了中国经济学界通过对中国社会主义建设道路的几十年艰辛探索，形成了马克思主义经济学中国化的六大创新成果。《史纲》总论用了五万多字的篇幅专门讲这六大成果，即：(1) 在马克思主义经济学基本原理指导下，努力探索中国自己的社会主义建设道路，并在改革开放过程中确立了社会主义初级阶段理论，开辟和形成了唯一正确的中国特色社会主义道路。(2) 计划与市场关系问题是中国经济学界研讨的第一大热点，其突出成果是确立了社会主义市场经济论。(3) 所有制理论和分配理论的重大突破：确认公有制为主体、多种所有制经济共同发展、平等竞争，股份制是公有制的主要实现形式，按劳分配与按生产要素分配相结合。(4) 探索国民经济从封闭半封闭走向开放，以开放促改革、促发展，“引进来”与“走出去”相互结合，逐步形成顺应经济全球化的对外开放理论。(5) 经济增长与发展理论越来越受重视，改革开放后在发展是硬道理和科学发展观的指导下，着力研究实现什么样的发展、怎样发展问题，研究中国工业化、城市化、现代化的规律。(6) 经济学方法重大革新：注重创新，紧密联系实际，充分吸收现代经济学的有用成果，重视实证研究和数量分析，勇于提出各种对策建议，旨在促进经济科学繁荣的各种评比和奖励活动逐步展开。现在看来，以上六方面的概括是切合实际的、有说服力的，它们构成中国特色社会主义经济学的初步框架和重要支柱。与此同时，也需说明，上述六个方面主要是理论经济学的进展与创新，没有包括改革开放后像雨后春笋般不断涌现的各种应用经济学和部门经济学如区域经济学、城市经济学、技术经济学、人口经济学、国际经济学、资源经济学、卫生经济学、生态经济学、环境经济学、灾害经济学、财务与会计学等的创新与进展，有待以后有机会时作出更全面的概括。

第二，充分论证了中国特色社会主义经济理论是经过长期探索逐步形成和发展的，而一旦找到了符合中国国情的社会主义经济理论，就精神变物质，成为推动中国经济改革和发展的强大力量。《史纲》关于社会主义市场经济理论的探索形成和确立过程的论述，比较典型地说明了这一点。《史纲》认为，中华人民共和国成立后，计划与市场关系问题是中国经济学界1949年以来直至20世纪末讨论最为热烈、争议最大、发表文章最多、成果最为突出的问题，可以分为改革开放前后两个阶段。改革开放前为探索时期，当时就有经济学家如孙冶方提出要把计划和统计放在价值规律基础上、千规律万规律价值规律第一条，顾准提出社会主义可以设想通过价格的自发涨落调节生产，于光远、卓炯提出凡是加入交换的产品都是商品、商品经济可以成为建设社会主义的有力工具等。党和国家领导人也提出过一些有积极意义的观点，如陈云1956年提出在社会主义经济中要有市场调节作为补充，毛泽东1959年提出价值规律是一个伟大的学校等。改革开放后，社会主义市场经济论的创建也是逐步实现的。第一步是主张在经济活动中引入市场机制，第二步是确立社会主义商品经济论，第三步是确立社会主义市场经济论。1992年根据邓小平关于计划和市场都是经济手段的重要论断，确立社会主义市场经济论和确认社会主义市场经济体制改革目标后，中国经济改革和发展进入大步前进的崭新阶段。《史纲》在列举充分论据后提出，社会主义市场经济论是中国特色社会主义理论体系的一个最重要的组成部分，社会主义市场经济论的不断丰富和发展，使马克思主义经济学原理得到发展。

《史纲》指出，计划与市场关系问题是社会主义经济理论的核心问题。传统的社会主义经济理论的根本缺陷，在于把作为经济调节手段的计划或市场，说成是区分社会主义经济制度和资本主义经济制度的基本标志，把计划等同于社会主义，把市场等同于资本主义。这种认识完全不符合世界各国经济发展的实践。第二次世界大战以后，许多发达的资本主义国家也在制订各种经济发展计划，调控宏观经济的运行。而实行传统社会主义计划经济体制的国家，则因贬低和排斥市场的作用，窒息了经济的生机和活力，以致在和平经济竞赛中败北。事实使越来越多的经济学家认识到，社会主义国家只有借助市场，才能重新活跃被指令性计划捆死了手脚的经济活动；只有发挥市场在资源配置中的基础性作用，才能提高经济效率。西方主流经济学断言市场经济只能与私有制和资本主义相结合、不可能与公有制及社会主义相结合。中国改革开放以来的实践推翻了这一断言，做到了市场经济与公有制及社会主义相结合，充分说明经济上相对落后的国家，可以通过非资本主义市场经济道路走向现代化，成为发达的经济体。

第三，较好地体现了中国特色社会主义经济理论的包容性和开放性。马克思主义不是一成不变的教条，而是在吸收世界文明成果中不断发展的科学体系。中国特色社会主义经济理论体系也是这样。《史纲》设有专章论述中华人民共和国成立 60 多年来西方经济学对中国的影响、1985 年“巴山轮”会议引入西方国家宏观经济管理与经验，并列举凯恩斯关于用财政政策调节社会总供给和总需求的关系、降低失业率等理论，对我国实行宏观经济调控有重要参考价值。西方经济学关于用立法形式规范市场经济活动进行市场监管等也是适用于我国社会主义市场经济的。西方经济学中的稀缺性、机会成本、边际效用、均衡价格、GDP 和 GNP、生产函数、消费倾向、基尼系数等概念，也是我们分析经济活动不可缺少的工具。与此同时，中华人民共和国成立以来特别是改革开放后，国内翻译出版了大量西方经济学代表作，除了过去翻译出版的斯密、李嘉图、凯恩斯、马歇尔等人的著作外，还翻译出版了萨缪尔森的《经济学》《新帕尔格雷夫经济学大辞典》以及曼昆的《经济学原理》等。《史纲》明确，要以马克思主义经济学中国化的创新成果为指导，充分吸收现代经济学的有用成果，认真研究中国社会主义市场经济运动的规律性，推动中国社会主义现代化建设顺利发展，推动中国经济学的繁荣和发展。

需要指出，对西方经济学，过去盲目排斥企图一棍子打死的做法显然是不对的。但是现在有人企图将西方经济学完全搬用于中国改革建设实际，也是不对的和行不通的。中国的改革开放，从一开始就是由马克思主义者特别是马克思主义经济学家设计的，之后无论是确立社会主义商品经济和市场经济体制作为经济体制改革的目标模式，还是加入世界贸易组织、完善社会主义市场经济体制、明确全面深化改革的目标等，也都是以马克思主义为指导作出的重大决策，并逐渐形成中国特色社会主义理论体系。与过去不同的是，中国特色社会主义理论体系包括其中的经济理论体系，是马克思主义中国化、时代化的最新成果，是充分吸收西方经济学特别是其中揭示市场经济规律性成果的理论体系，是极具包容性和不断发展的、与时俱进的科学体系，而绝不是一成不变的教条。这样的理论体系是充满活力和生命力的，是随着时代潮流和不断涌现的文明成果而日益丰富和发展的，因而是具有很强的说服力和吸引力的。

第四，用社会主义现代化建设的骄人业绩证明中国特色社会主义经济理论的正确性和科学性。实践是检验真理的唯一标准，也是检验任何一种经济理论体系的正确性和科学性的唯一标准。《史纲》列举大量统计数据说明新中国经济建设的辉煌成就，指出从 1949 年到现在的 60 多年，大概可以分为两大阶段：一是 1949—1978 年建立社会主义制度和探索社会主义建设道路的阶段；二是从 1979 年到现在建设中国特色社会主义阶段。由于建立了新的社会经济制度，解放了生产力，国民经济得到迅速恢复和发展。中国国民经济恢复阶段结束的 1952 年，国内生产总值为 679 亿元人民币，而到 2010 年，国内生产总值已跃升至 39.8 万亿元，按不变价格计算增长了 92.7 倍，年均增速达 8.1%，其中 1952—1978 年年均增速为 6.1%，1979—2010 年年均增速为 9.9%。中国经济占世界经济总额的比重，已由 1949 年的不足 1%，增加到 1978 年的 1.8%，再到 2010 年的 9.5%（2012 年已上升到占 11.5%）。2010 年中国已成为世界第二大经济体，人均 GDP 已超过4 000美元（按 2009 年美元计算），已进入中等偏上收入国家行列。这充分说明社会主义制度的优越性，更说明中国特色社会主义的强大生命力，也说明中国特色社会主义经济理论的强大生命力和科学性。当前，中国经济列车正在党的十八大提出的全面建成小康社会和全面深化改革开放的指引下继续飞驰向前，努力实现两个一百年的奋斗目标。我们可以满怀信心地预期，当中国于 2020 年全面建成小康社会和迈入高收入国家行列，进而于 2049 年基本实现现代化成为中等发达国家之后，中国特色社会主义经济理论体系将更加彻底地把西方主流经济学甩在一旁，独树一帜地形成经济落后国家完全可以通过非资本主义道路实现工业化、城市化和现代化的理论体系，并在全球范围内赢得更大的话语权。

张卓元主编：《中国经济学成长之路》，北京，中国社会科学出版社，2015

发展当代中国马克思主义政治经济学三题

张卓元

一、社会主义市场经济论：当代马克思主义政治经济学中国化的最重要成果

我国六十多年的社会主义建设，是在党的领导下、在马克思主义的指导下、立足中国国情进行的，取得了举世瞩目的辉煌成绩。特别是1978年年底实行改革开放后，经济迅速起飞，三十几年以年均9.7%的高速增长使国民经济不断上新台阶，2010年起已经成为世界第二大经济体，2014年GDP突破十万亿美元，占全世界GDP总量的13%多，人均7 500美元左右，进入中上等收入国家行列。中国经济建设之所以能够取得如此巨大的成就，重要原因之一是有正确的理论指引，有一系列不断发展的马克思主义中国化的理论成果的指引，特别是中国特色社会主义理论体系，包括中国特色社会主义经济理论的指引。

在这一系列经济理论成果中，我认为，其中

最主要的是社会主义市场经济论。在一个大国，实现社会主义与市场经济的结合，是前所未有的伟大创举，在理论上和实践上都具有划时代的意义。我国改革开放以来和今后搞经济建设，发展经济，就是发展社会主义市场经济。这就使社会主义市场经济论在中国特色社会主义经济理论体系中占据最重要位置，是当代马克思主义政治经济学中国化的最重要成果。习近平总书记 2015 年 11 月下旬在政治局第二十八次集体学习时强调，今后，“要坚持社会主义市场经济改革方向，坚持辩证法、两点论，继续在社会主义基本制度与市场经济的结合上下功夫，把两方面优势都发挥好”。2015 年 12 月中央经济工作会议也强调：“要坚持中国特色社会主义政治经济学的重大原则，坚持解放和发展社会生产力，坚持社会主义市场经济改革方向，使市场在资源配置中起决定性作用，是深化经济体制改革的主线。”

市场经济、市场机制是非常有效和灵巧的机器，可以最大限度地调动每个经济体的主动性和积极性，是迄今人类发现的配置资源的最有效方式。我国改革开放后引入市场机制，逐步放开市场和价格，发展个体私营经济和利用外资，整个国民经济迅速活跃起来，经济发展加速，市场上各种各样商品像泉水一样涌流出来。与此同时，也要看到，市场竞争会带来垄断，市场经济的发展会带来经济失衡和经济危机、生态危机，带来居民收入的两极分化。所以，现在许多实行市场经济的国家都采取宏观调控政策稳定经济，实施反对垄断的政策，用财税政策和社会政策调节居民收入差距。我国是社会主义国家，原来实行的传统的计划经济体制束缚了生产力的发展，改革开放引入市场机制后，市场在资源配置中逐渐发挥基础性作用和决定性作用。与此同时，我们的社会主义基本制度不能丢，宏观经济管理不能丢，共同富裕的目标不能丢。

我国现阶段仍然处于和将长期处于社会主义初级阶段，要长期实行公有制为主体、多种所有制经济共同发展的基本经济制度，因此，中国发展社会主义市场经济不是短时期的权宜之计，而是长时期的在经济领域最重要的制度安排。在这个制度下，既要毫不动摇地巩固和发展公有制经济，也要毫不动摇地鼓励、支持、引导非公有制经济发展，推动各种所有制取长补短、相互促进、共同发展。要很好地认识到，公有制经济和非公有制经济都是社会主义市场经济的重要组成部分，都是我国经济社会发展的重要基础。因此，我们要在坚持和完善社会主义基本经济制度的基础上，不断发展和壮大社会主义市场经济。

为使社会主义和市场经济的优势都发挥出来，我们找到了股份制、混合所有制作为公有制和基本经济制度的有效实现形式，同时通过实施必要的经济政策和社会政策使市场经济的发展成果惠及全国人民，服务于共同富裕的崇高目标。

与此同时，我们既要反对对市场经济活动放任自流，带来许多消极后果；也要防止有人利用公有资产为自己谋取私利的行为，这也是反腐败斗争的一个重要内容；还要纠正政府特别是地方政府对市场的不当干预，影响资源配置效率的提高。

今后，如何在经济建设实践中使社会主义和市场经济的优势都能很好地发挥出来，深刻揭示社会主义市场经济发展的内在规律，正是中国经济学家的重要任务和课题。我们相信，当我国全面建成小康社会，进入高收入国家行列，进而基本上实现现代化以后，社会主义市场经济论将进一步证明其科学性，并建成完整的社会主义市场经济理论大厦。

二、立足国情逐步走向现代化的中国式发展经济学

习近平总书记在 2015 年 11 月政治局集体学习时说，“要立足我国国

情和我国发展实践，揭示新特点新规律，提炼和总结我国经济发展实践的规律性成果，把实践经验上升为系统化的经济学说，不断开拓当代中国马克思主义政治经济学新境界。”我国从贫穷落后的状态逐步走向工业化、现代化，就是从中国国情出发，在不断开拓的马克思主义政治经济学中国化成果的指导下，一步一步向前发展的。

实现现代化，是当代和现代中国人的共同梦想。毛主席、周总理、邓小平都曾一再讲中国要在 20 世纪末实现四个现代化。1978 年，邓小平开始提出要在 20 世纪末实现中国式的四个现代化。1979 年，他对日本首相大平正芳说，“我们的四个现代化的概念，不是你们那样的现代化的概念，而是小康之家。”这是从中国国情出发，主要是对我国仍然处于而且将长期处于社会主义初级阶段有了比较明确的认识后，对四个现代化目标实现时间的重大调整和修改。然后提出三步走发展战略目标，前两步为到 2000 年工农业总产值比 1980 年翻两番，人均 GNP 达到 800～1 000美元，第三步为到 21 世纪中叶基本实现现代化，达到中等发达国家水平。

2002 年，在迎接十六大召开时，大家都看到新世纪头 20 年对于中国来说，是一个必须紧紧抓住并且可以大有作为的重要战略机遇期。但对如何确定具体的发展目标，则有不完全相同的主张。有的倾向于提出加快实现现代化作为目标，有的则认为把实现现代化作为新世纪头 20 年的目标要求太高了，做不到，最后确定为全面建设小康社会。现在看来，把全面建设小康社会作为新世纪头 20 年的目标是非常正确的，因为 20 世纪末我们达到的小康还是低水平的、不全面的、发展很不平衡的小康。因此，我们要在新世纪头 20 年集中力量、全面建设惠及十几亿人口的更高水平的小康社会，使经济更加发展、民主更加健全、科教更加进步、文化更加繁荣、社会更加和谐、人民生活更加殷实，这是实现现代化建设第三步战略目标必经的承上启下的发展阶段。全面建设小康社会重在全面，要求到2020年，全国各地包括西部地区、农村地区、老少边穷地区，全国人民包括到2015年尚未脱贫的七千多万人，一个不少地都进入小康社会，过上小康生活。新世纪头15年的实践表明，我们党从十六大、十七大，再到十八大关于新世纪头20年全面建设和建成小康社会的顶层设计是正确的、科学的，尽管十七大和十八大都对全面建设或建成小康社会提出了许多更高的要求，但有一点是共同的，即新世纪头20年我们只能做到基本实现工业化，还做不到基本实现现代化。现在看来，到2020年全面建成小康社会时，我国人均GDP大概可达1万美元，还得经过三五年的努力才能达到人均GDP 13 000多美元（以2014年美元计算）的高收入国家水平，再经过20多年的努力，才能基本实现现代化，达到人均GDP三四万美元的中等发达国家水平，真正实现中华民族的伟大复兴。

中国经济改革开放后经过三十多年以外延扩张为主的高速增长，到现在进入注重质量效益的转型时期，也就是逐步进入新常态时期。其显著标志，一是经济从高速增长转为中高速增长；二是消费需求和第三产业逐渐占主体地位；三是从主要靠要素投入到创新驱动发展。为在新形势下破解中国经济发展难题，党的十八届五中全会提出了创新、协调、绿色、开放、共享五个发展理念，以引领“十三五”期间经济社会发展。具体的国情变了，阶段性特征的内涵变了，必须改变或完善我们的发展战略、方式和路径，转变发展理念。正如习近平总书记所说的，“这是对我们在推动经济发展中获得的感性认识的升华，是对我们推动经济发展实践的理论总结。”的确，中国经济发展到今天，要避开“中等收入陷阱”，进入高收入国家行列，再进一步基本实现现代化，必须转向创新驱动发展，必须着力提高经济增长的质量和效益，在发展中转型，在转型中发展，迈向中高端水平。用五大正确的发展理念来统领“十三五”规划建议，本身就是一大创新。

以上这些，就是中国式发展经济学。根本点是在马克思主义政治经济学的指引下，立足中国国情，在不同时段选择适当的发展目标和路径，争取最优的结果。

三、坚持以人民为中心，发展成果由人民共享

习近平总书记在政治局集体学习时说，“要坚持以人民为中心的发展思想，这是马克思主义政治经济学的根本立场。”我们党历来以为人民服务为宗旨，历来把为人民谋福祉置于高于一切的地位。

2003 年，党的十六届三中全会第一次提出以人为本的思想，要求树立以人为本，全面、协调、可持续发展的科学发展观。

2007 年，党的十七大提出了共享概念，提出发展为了人民、发展依靠人民、发展成果由人民共享；还提出人人享有基本生活保障，人人享有基本医疗卫生服务等。

2012 年，党的十八大进一步提出 2020 年比 2010 年国内生产总值翻一番和城乡居民收入翻一番任务，对全面建成小康社会在经济领域提出了更高的要求。为实现这一任务，“十三五”即 2016—2020 年期间，我国国内生产总值年均要增长 6.5%以上，城乡居民人均可支配收入年均要增长 5.8%以上。

2015 年，党的十八届五中全会建议把共享作为五大发展理念之一，并讲了八个方面内容，提出了实施全民参保计划，普及高中阶段教育，全面实施一对夫妇可生育两个孩子政策，实施脱贫攻坚工程，等等。十七大提出要基本消除绝对贫困，这次则是要求全部脱贫，一个都不能少。

这也体现了十八大对全面建成小康社会提出了更高的要求。

以人民为中心，在基础性的经济领域，就是要让人民群众普遍地共享改革发展成果，走共同富裕的道路。邓小平说过，“社会主义与资本主义不同的特点就是共同富裕，不搞两极分化。”[①] 1993 年，党的十四届三中全会通过的《中共中央关于建立社会主义市场经济体制若干问题的决定》曾提出过“效率优先，兼顾公平”的原则，是为了尽快把经济搞上去，把蛋糕做大。经过一段时间后，2004 年党的十六届四中全会通过的《中共中央关于加强党的执政能力建设的决定》及此后党的文件已不再提“效率优先，兼顾公平”，并针对居民和地区收入差距扩大趋势，提出在分配中要更加注重公平，抑制收入分配差距扩大的趋势，努力缩小差距。这项政策调整已逐渐取得成效。反映居民收入差距的基尼系数自 2008 年达到高点 0.491 以后逐步下降，2014 年下降至 0.469。这个数字仍然超过国际公认的 0.4 的警戒线，这说明今后在收入分配方面仍然需要坚持更加注重公平的原则。

“十三五”规划建议提出的打赢清除绝对贫困攻坚战，是真正的惠民工程，是全面建成小康社会的重要标志，也是落实改革发展成果人人共享的最重要内容。任务艰巨，使命光荣。全国七千多万人脱贫，将有力地缩小贫富差距，降低反映居民收入差距的基尼系数。相信在党和政府的坚强领导下，我们将顺利完成这一历史性任务。

在居民收入分配结构方面，坚持以人民为中心，就要力争到全面建成小康社会时，从现有的金字塔形到“中间大、两头小”的橄榄形的转变，至少应当做到大大扩大中等收入群体（前几年有学者提出，户年均收入为 6 万～20 万元的收入者为中等收入者），大大缩小低收入群体。

① 邓小平．邓小平文选：第 3 卷．北京：人民出版社，1993：123.

我国中等收入群体的比例目前有人估计为 18%（皮尤研究中心报告，2015-07-08）。从统计数据看，发达国家的中等收入者比重一般在 60%左右，大体上形成橄榄形结构。我国要形成橄榄形结构，中等收入者比重至少要达到 50%以上。因此，不断扩大中等收入群体的比重，应是我们今后努力的一个方向。

原载《经济研究》，2016（3）

关于研究中国特色社会主义政治经济学的几点想法

张卓元

一、中国特色社会主义政治经济学是中国特色社会主义理论体系的重要组成部分和深化发展

习近平总书记 2015 年 11 月 23 日在中共中央政治局第二十八次集体学习时强调，立足我国国情和我国发展实践，发展当代中国马克思主义政治经济学。当代中国马克思主义政治经济学，就是中国特色社会主义政治经济学。自从 1982 年邓小平在党的十二大开幕词中提出建设中国特色社会主义以来，在党的领导下，中国特色社会主义事业蓬勃发展，蒸蒸日上，取得了让世人惊叹的业绩。随着改革开放的不断深化和经济社会的飞速发展，我们对中国特色社会主义的认识也在不断深化和发展。1997 年，江泽民总书记在

党的十五大报告中提出邓小平理论形成了中国特色社会主义理论体系。他说："总起来说，邓小平理论形成了新的建设有中国特色社会主义理论的科学体系。""它第一次比较系统地初步回答了中国社会主义的发展道路、发展阶段、根本任务、发展动力、外部条件、政治保证、战略步骤、党的领导和依靠力量以及祖国统一等一系列基本问题，指导我们党制定了在社会主义初级阶段的基本路线。它是贯通哲学、政治经济学、科学社会主义等领域，涵盖经济、政治、科技、教育、文化、民族、军事、外交、统一战线、党的建设等方面比较完备的科学体系，又是需要从各方面进一步丰富发展的科学体系。"2007 年，党的十七大报告提出，"改革开放以来我们取得一切成绩和进步的根本原因，归结起来就是：开辟了中国特色社会主义道路，形成了中国特色社会主义理论体系。高举中国特色社会主义伟大旗帜，最根本的就是要坚持这条道路和这个理论体系。"报告对中国特色社会主义道路和中国特色社会主义理论体系做了权威的论述。2011 年，胡锦涛总书记在庆祝中国共产党成立 90 周年大会上的讲话加了一条中国特色社会主义制度。他说："经过 90 年的奋斗、创造、积累，党和人民必须倍加珍惜、长期坚持、不断发展的成就是：开辟了中国特色社会主义道路，形成了中国特色社会主义理论体系，确立了中国特色社会主义制度。"从此形成了旗帜、道路、理论体系、制度四方面的结构。

最近，习近平总书记提出发展当代中国马克思主义政治经济学即中国特色社会主义政治经济学的任务，并对这一学科的重要内容和方法做了深刻的论述。这是丰富和发展中国特色社会主义理论体系的重要部署，也是交给中国经济学家的重要任务，正在对当代中国马克思主义政治经济学研究产生巨大的推动作用。研究中国特色社会主义政治经济学，就要很好地了解中国社会主义建设的实际，了解中国改革开放的步伐，了解中国社会主义市场经济发展的历程，探寻它们的规律性，从理论上进行概括，助力中国社会主义现代化建设事业的顺利和健康发展。

二、成熟的中国特色社会主义政治经济学源于成熟的中国特色社会主义经济制度和体制

到现在为止，我们还没有写出一本公认权威的中国特色社会主义政治经济学或社会主义市场经济学著作，我认为，这主要不是由于中国经济学家不努力，重要原因在于中国特色社会主义经济制度和体制还不够成熟、定型。我们都知道，马克思撰写《资本论》，揭露资本主义生产方式发展和必然被社会主义代替的规律性，要到英国伦敦进行写作，重要原因在于英国是那时资本主义经济制度比较成熟的国家。中国从 1978 年年底开始实行改革开放到现在已经三十多年，社会主义市场经济体制已经建立起来，1993 年党的十四届三中全会通过的《中共中央关于建立社会主义市场经济体制若干问题的决定》提出的由五根支柱支撑的社会主义市场经济体制的基本框架已经搭建起来，但是还不够成熟，尚未定型。1992 年，邓小平在南方谈话中就曾预言，“恐怕再有三十年的时间，我们才会在各方面形成一整套更加成熟、更加定型的制度。在这个制度下的方针、政策，也将更加定型化。”2013 年，党的十八届三中全会《决定》也说，“到 2020 年，在重要领域和关键环节改革上取得决定性成果，完成本决定提出的改革任务，形成系统完备、科学规范、运行有效的制度体系，使各方面制度更加成熟更加定型。”根据党的十八届三中全会《决定》的精神，在经济方面重要领域和关键环节需改革攻坚取得决定性成果的主要有：国有资产监管机构实现以管资本为主的职能转变，央企特别是集团公司母公司建立和健全现代企业制度，国有控股公司董事会

履行《公司法》赋予的重大事项决策权，消除所有制歧视引导非公有制经济健康发展，在投资和市场准入方面实行负面清单制度，消除市场壁垒、反对垄断形成公平竞争的市场环境，实行农民土地承包权和经营权分离发展土地经营权流转市场，健全宏观调控体系防范系统性风险，逐步建立综合与分类相结合的个人所得税制，加快房地产税立法并依法推进改革，提高直接税比重，继续发展民营银行完善金融市场体系，实现汇率市场化和人民币资本项目可兑换，扩大中等收入者比重，降低基尼系数，完善社会保险关系转移接续政策，完善基本养老保险个人账户制度，继续扩大对外开放构建开放型经济新体制，等等。上述这些深水区改革任务都很艰巨，都要付出极大的努力才能实现。由于中国特色社会主义经济制度和体制还不够成熟和定型，因此到现在为止还难以很好地对中国特色社会主义经济发展和运行规律作出全面、系统、准确的概括和论述。

但是，我们也不能一味等待而无所作为。改革开放三十多年来，随着经济的快速增长和社会的全面进步，已经涌现和概括出一系列把马克思主义经济学原理同改革开放实践相结合的理论成果，比如社会主义市场经济理论，社会主义初级阶段理论，社会主义初级阶段基本经济制度理论，按劳分配为主体、多种分配方式并存的分配理论，从农村改革起步到全面深化改革的渐进式改革理论，农村土地集体所有权、农民土地承包权、农地经营权相分离的理论，促进社会公平正义、逐步实现全体人民共同富裕的理论，从发展是硬道理到科学发展观再到创新、协调、绿色、开放、共享的发展理念的理论，经济转型和转变经济增长与发展方式理论，中国经济进入新常态理论，推动新型工业化、信息化、城镇化、农业现代化相互协调的理论，用好国际国内两个市场、两种资源的理论，等等。我们要认真深入研究这一系列重要理论，阐明其科学内涵。

要不断研究改革攻坚和全面建成小康社会以及进一步到2025年前后进入高收入国家行列实践的新鲜经验，并作出新的理论概括，在成熟的经济制度和体制下，形成成熟的经济理论体系。所以，从现在开始，我们就应积极行动起来，对中国特色社会主义政治经济学进行更加系统、深入的研究，不断作出新的成果。

三、寻找中国特色社会主义政治经济学的主线

中国特色社会主义政治经济学是一门新的学科，一个新的理论体系。这一新体系的主线或主要支柱是什么？这是我们在研究和构建这一新体系时首先要解决和确定的重大问题。这个问题需要经济学界集思广益，认真研讨。

我认为，中国特色社会主义政治经济学的主线或主要支柱是社会主义市场经济论。2008年12月7日，我在《光明日报》发表了一篇长文，题目就叫《社会主义市场经济论：中国改革开放的主要理论支柱》。该文中说，“我国在社会主义条件下发展市场经济，是前无古人的伟大创举，也是一项全新的课题。在成功实践的基础上概括出来的社会主义市场经济论，是中国共产党人和马克思主义经济学家关于科学社会主义的重大理论创新，也是对经济科学的划时代贡献。”中国特色社会主义经济建设，就是发展社会主义市场经济。社会主义市场经济论自然在中国特色社会主义政治经济学中处于最为重要的位置。

社会主义市场经济论的内涵是随着改革的深化而不断发展的。1992年，党的十四大确立社会主义市场经济体制改革目标时，就提出了“使市场在社会主义国家宏观调控下对资源配置起基础性作用”。2002年，党的十六大进一步提出“在更大程度上发挥市场在资源配置中的基础性

作用，健全统一、开放、竞争、有序的现代市场体系”。2012 年，党的十八大更进一步提出“更大程度更广范围发挥市场在资源配置中的基础性作用”。2013 年，党的十八届三中全会《决定》则将市场的基础性作用提升为决定性作用，提出“使市场在资源配置中起决定性作用和更好发挥政府作用”。我在 2014 年出版的一本书中认为，市场在资源配置中起决定性作用是二十多年来沿用的基础性作用提法的继承和发展，其主要指向有三点：第一，解决政府对资源配置干预过多的问题；第二，解决市场体系不健全、真正形成公平竞争的市场环境问题；第三，解决对非公有制经济的一些歧视性规定，包括消除隐性壁垒设置等问题。

社会主义市场经济论立论的难点在于公有制能否与市场经济相结合。西方经济学否认社会主义条件下能够发展市场经济。中国改革开放后的实践推翻了这一论断。改革开放后，由于我们找到了股份制、混合所有制等公有制的有效实现形式，于是我们找到了公有制包括国有制与市场经济相结合的形式和途径。改革开放后我国经济迅速崛起，国有经济和非公有制经济都有长足发展的实践，很好地破解了社会主义市场经济论立论的难题。

最近，中国人民大学刘伟教授在《人民日报》发表《在新实践中构建中国特色社会主义政治经济学》一文，文中提到中国特色社会主义政治经济学研究的主题和方向：社会主义基本经济制度与市场经济相结合、相统一。坚持社会主义市场经济的改革方向，既是我国改革发展实践需要坚持的基本原则，也是中国特色社会主义政治经济学的主题。他的这些观点同我的认识比较接近。如何找到令人信服的中国特色社会主义政治经济学的主线、主题、主要范畴等，看来是值得我们进一步认真研讨的问题。

2016 年 8 月 20 日在当代中国马克思主义政治经济学创新智库揭牌仪式上的发言

实现社会主义与市场经济有机结合

——建构中国特色社会主义政治经济学的主线

张卓元

主线一般指贯穿理论体系始终的主要线索，它决定理论体系内有哪些重要范畴和标志理论体系独特性、层次较高的规定。马克思《资本论》的主线是资本剥削劳动以及剩余价值的分配。我国老一辈经济学家孙冶方在20世纪60年代初组织撰写《社会主义经济论》时，曾提出要按照马克思《资本论》的写作方法展开论述，并以“最小最大”即用最小的劳动消耗取得最大的有用效果作为全书的主线，主张充分发挥价值规律对生产和流通的调节作用。这在计划经济时期无疑是标新立异的有益探索。

改革开放以来，我国逐步引入市场机制，1992年进一步把社会主义市场经济体制确立为经济体制改革的目标，明确了发展中国特色社会主义经济就是发展社会主义市场经济。伴随着市场化改革的不断推进，我国经济迅速起飞，

1979—2015 年的年均经济增速达 9.6%，创造了人类社会经济长时期快速增长的新奇迹。实践证明，根据我国国情发展社会主义市场经济是正确的、有效的。在这样的背景下，社会主义市场经济论就成为中国特色社会主义政治经济学的主要支柱。社会主义市场经济论的核心即社会主义与市场经济的结合，就理所当然地成为中国特色社会主义政治经济学的主线。

在社会主义条件下发展市场经济，是前无古人的伟大创举。以往的市场经济都建立在私有制基础上，传统的经济理论都认为市场经济是排斥公有制的，因此以公有制为主体的社会主义不能与市场经济相结合。中国的改革实践否定了这一理论。我们找到了公有制特别是国有制的有效实现形式——股份制和基本经济制度的重要实现形式——混合所有制经济，把国有大中型企业改革为现代股份公司，实现了公有制特别是国有制与市场经济的有机结合。

社会主义与市场经济的结合、公有制与市场经济的结合是有机的、相互渗透的。一方面，公有制特别是国有制要通过股份制等现代企业组织形式成为市场经济主体，允许个体、私营、外资经济存在和发展，形成多元市场主体。另一方面，市场经济的发展要适应社会主义实现公平正义、共同富裕的目标。总之，要努力使社会主义和市场经济各自的优势很好地发挥出来。

实现社会主义与市场经济有机结合的难度不小。比如，如何处理好政府与市场的关系，使市场在资源配置中起决定性作用和更好发挥政府作用，就是一个难度不小的课题。又如，1993 年党的十四届三中全会就确定了国有企业改革的方向是建立现代企业制度。经过此后二十多年的改革，国有企业基本上实现了股份制改革。同时，现代企业制度仍有待完善，不少中央企业集团公司还要推进股份制改革以建立现代企业制度；

一些国有控股公司董事会还不能很好地履行公司法规定的职责，国有企业和非公有制企业公平竞争的环境还有待健全。此外，怎样把社会主义市场经济的发展引导到实现共同富裕的目标上来，难度更大。对此，应巩固和完善公有制为主体、多种所有制经济共同发展的基本经济制度，健全按劳分配为主体、多种分配方式并存的分配制度，不断完善财税的再分配功能以促进发展成果人人共享，完善各项社会政策的托底功能包括精准扶贫、全面脱贫等。

由上可见，社会主义与市场经济的结合、公有制与市场经济的结合是发展社会主义市场经济的核心，贯穿于社会主义市场经济活动的方方面面，社会主义市场经济体制就是在推进这种有机结合中不断完善和成熟的，也是在这一过程中推动经济社会发展的。因此，我们在构建中国特色社会主义政治经济学时，要把社会主义与市场经济的结合、公有制与市场经济的结合作为主线贯穿始终，形成逻辑严密、结构有序的理论体系。

原载《人民日报》，2016－11－21

图书在版编目（CIP）数据

经济转型与改革攻坚/张卓元著．—北京：中国人民大学出版社，2017.10
ISBN 978-7-300-24892-9

Ⅰ.①经…　Ⅱ.①张…　Ⅲ.①中国经济-研究　Ⅳ.①F12

中国版本图书馆 CIP 数据核字（2017）第 213238 号

经济转型与改革攻坚
张卓元　著
Jingji Zhuanxing yu Gaige Gongjian

出版发行	中国人民大学出版社		
社　　址	北京中关村大街 31 号	**邮政编码**	100080
电　　话	010－62511242（总编室）		010－62511770（质管部）
	010－82501766（邮购部）		010－62514148（门市部）
	010－62515195（发行公司）		010－62515275（盗版举报）
网　　址	http://www.crup.com.cn		
经　　销	新华书店		
印　　刷	涿州市星河印刷有限公司		
开　　本	720 mm×1000 mm　1/16	**版　　次**	2017 年 10 月第 1 版
印　　张	17 插页 1	**印　　次**	2024 年 6 月第 3 次印刷
字　　数	199 000	**定　　价**	76.00 元